［第二版］
解説日本国憲法

伊藤友則 ［著］

創成社

はじめに

　夢と希望をもち，自分の人生を自己責任と自己決定で歩むことが出来るの
は，さまざまな自由権などの権利が日本国憲法に制定されていることにも要因
します。天皇は日本と国民を代表して，象徴として，その職務・公務にあたら
れています。個々の人生が，法の下の平等とともに，存在している意義も理解
してほしいところです。

　このテキストは主に大学の講義に用いますが，日本国憲法の授業を通じて，
自分自身がどう向き合うか，対処していくか，そういう問題解決の指針になれ
ば幸いです。

　私は大学講義の前段で「主観」と「客観」の話をします。自分の解釈に先行
しがちな主観よりも，物事をさまざまな理論から冷静に見つめ直す客観という
概念を感じながら読んでもらいたく存じます。

　皆さまの大事な家族・友人が困ったときに，どう対処し助けることが出来る
か，この本や大学の講義を通じて，知識を深めてほしいのです。これからさら
に大きく成長し，社会に役立つリーダーになられることを祈念します。

2019 年 5 月吉日

伊藤友則

第二版発行にあたって

　昨今の日本を取り巻く環境は，様々な変容を遂げており，国内外の諸問題に
しっかり対応する姿勢が政府に求められていると考えます。

　世界の中での日本の立ち位置を確立する上でも，憲法や各種法制度さらには
政治の力で乗り切っていく必要があります。それゆえに憲法改正や，時代に見
合ったルールをつくることが，国会議員や国民の責務といえます。

　これらをしっかりと議論できる，次の時代を担うリーダーの出現に期待しています。

2024 年 9 月吉日

伊藤友則

目　次

はじめに
第二版発行にあたって

日本国憲法 ——————————————————1

前文・・・・・・・・・・・・・・・・・・・・・・・・ 2
条文（1 – 103 条）・・・・・・・・・・・・・・・・ 4

解説日本国憲法 ——————————————37

1　日本国憲法の制定・・・・・・・・・・・・・・・ 38
2　日本国憲法と国民主権・・・・・・・・・・・・・ 44
3　人権保障の特色と平等権・・・・・・・・・・・・ 50
4　自由権的基本権・・・・・・・・・・・・・・・・ 54
5　社会権と人権の確保・・・・・・・・・・・・・・ 65
6　平和主義・・・・・・・・・・・・・・・・・・・ 75
7　国会のしくみと機能・・・・・・・・・・・・・・ 82
8　内閣・行政のしくみと機能・・・・・・・・・・・ 98
9　裁判所のしくみと機能・・・・・・・・・・・・・105
10　地方自治・・・・・・・・・・・・・・・・・・・114

大日本帝国憲法　121
The Constitution of Japan　127

iv

日本国憲法

日本国憲法

前文

　日本国民は，正当に選挙された国会における代表者を通じて行動し，われらとわれらの子孫のために，諸国民との協和による成果と，わが国全土にわたつて自由のもたらす恵沢を確保し，政府の行為によつて再び戦争の惨禍が起ることのないやうにすることを決意し，ここに主権が国民に存することを宣言し，この憲法を確定する。

　そもそも国政は，国民の厳粛な信託によるものであつて，その権威は国民に由来し，その権力は国民の代表者がこれを行使し，その福利は国民がこれを享受する。これは人類普遍の原理であり，この憲法は，かかる原理に基くものである。われらは，これに反する一切の憲法，法令及び詔勅を排除する。

　日本国民は，恒久の平和を念願し，人間相互の関係を支配する崇高な理想を深く自覚するのであつて，平和を愛する諸国民の公正と信義に信頼して，われらの安全と生存を保持しようと決意した。

協和
心を合わせて仲よくすること。

恵沢
めぐみ，恩恵。

惨禍
いたましい災い。

主権
政治のありかたを最終的に決定する最高の権力。

厳粛
まじめで，きびしく，おごそかな様子。

信託
信用して，まかせること。

権威
社会的信用の高さなどによって他人を自発的に服従させるような力のこと。強制的に服従させる社会的な上下関係である権力とは区別される。

行使
権力や力を実行すること。

福利
幸福と利益。

享受
受け取って自分のものにすること。

普遍
どこでも。いつでも。

人類普遍の原理
人類にとって，いつの時代においても，当てはまる原理。

詔勅
天皇の発する公文書（詔書）と，公的な言葉（勅語）。

われらは，平和を維持し，専制と隷従，圧迫と偏狭を地上から永遠に除去しようと努めてゐる国際社会において，名誉ある地位を占めたいと思ふ。われらは，全世界の国民が，ひとしく恐怖と欠乏から免れ，平和のうちに生存する権利を有することを確認する。

　われらは，いづれの国家も，自国のことのみに専念して他国を無視してはならないのであつて，政治道徳の法則は，普遍的なものであり，この法則に従ふことは，自国の主権を維持し，他国と対等関係に立たうとする各国の責務であると信ずる。

　日本国民は，国家の名誉にかけ，全力をあげてこの崇高な理想と目的を達成することを誓ふ。

恒久
いつまでも変わらないこと。永遠。

崇高
気高い様子。

専制
上に立つ者が独断でものごとを決めること。

隷従
奴隷のように従うこと。

偏狭
せまく，かたよっていること。

欠乏
不足していること。

責務
責任と義務。

日本国憲法　3

第一章　天皇

第1条 【天皇の地位・国民主権】
　天皇は，日本国の象徴であり日本国民統合の象徴であって，この地位は，主権の存する日本国民の総意に基く。

第2条 【皇位の継承】
　皇位は，世襲のものであつて，国会の議決した皇室典範の定めるところにより，これを継承する。

第3条 【天皇の国事行為に対する内閣の助言と承認】
　天皇の国事に関するすべての行為には，内閣の助言と承認を必要とし，内閣が，その責任を負ふ。

第4条 【天皇の権能の限界，天皇の国事行為の委任】
　天皇は，この憲法の定める国事に関する行為のみを行ひ，国政に関する権能を有しない。
　天皇は，法律の定めるところにより，その国事に関する行為を委任することができる。

第5条【摂政】
　皇室典範の定めるところにより摂政を置くときは，摂政は，天皇の名でその国事に関する行為を行ふ。この場合には，前条第一項の規定を準用する。

第1条
象徴
抽象的で形のないものを表現するときに，かわりとして似たような感じをもつ具体的なもので表したもの。

第2条
世襲
地位などを子や孫など血のつながった者が代々うけつぐこと。
皇室典範
皇位の継承や皇室の範囲や皇族の扱いなど皇室に関することがらを定めた法律。

第3条
国事行為
天皇が国家機関として行う儀礼的な行為。

第4条
権能
権限と能力。

第5条
摂政
天皇にかわって国事行為を行う皇族。

第6条 【天皇の任命権】

（1）天皇は，国会の指名に基いて，内閣総理大
　　　臣を任命する。

（2）天皇は，内閣の指名に基いて，最高裁判所
　　　の長たる裁判官を任命する。

第7条 【天皇の国事行為】

天皇は，内閣の助言と承認により，国民のために，
左の国事に関する行為を行ふ。

1　憲法改正，法律，政令及び条約を公布するこ
　　と。
2　国会を召集すること。
3　衆議院を解散すること。
4　国会議員の総選挙の施行を公示すること。
5　国務大臣及び法律の定めるその他の官吏の任
　　免並びに全権委任状及び大使及び公使の信
　　任状を認証すること。
6　大赦，特赦，減刑，刑の執行の免除及び復権
　　を認証すること。
7　栄典を授与すること。
8　批准書及び法律の定めるその他の外交文書
　　を認証すること。
9　外国の大使及び公使を接受すること。
10　儀式を行ふこと。

第6条
指名
この人だと名をあげて確定するこ
と。この憲法の場合は適任者を選
ぶこと。
任命
人を官職や役目につける命令。こ
の憲法の場合の「任命」は，国会
の指名を承認する形式的な行為。

第7条
政令
憲法や法律を実施するために，内
閣によって制定される命令。
公布
広く知らせるために発表するこ
と。
公示
広く知らせるために，人々が知り
うる状態におくこと。
官吏
役人。国家公務員。
任免
職につける行為・権限と，その職
をやめさせる行為・権限。任命と
免職。
委任状
ある事務などの処理について他人
に任せているときに，そのことを
記した書面。
全権委任状
条約を結ぶかどうかの交渉の際
に，自国の外交官など交渉者が国
家を代表して交渉していることを
証明するための公の文書。元首か
ら代表者である外交官など交渉担
当者に渡される。

日本国憲法　5

第8条 【皇室の財産授与】

皇室に財産を譲り渡し，又は皇室が，財産を譲り受け，若しくは賜与することは，国会の議決に基かなければならない。

大赦

国や皇室にめでたいことがあったときに，軽い罪など一定の程度以下の犯罪への刑罰に対して，特別に刑の執行を免除し，また刑事訴訟の訴えを取り下げること。

特赦

刑を言い渡された特定の人に対して，刑の執行を免除し，有罪判決の効力を失わせること。

復権

有罪判決により失われた権利（被選挙権など）を回復させること。

栄典

国家に功績のある者には勲章や位階などが与えられることがあり，そのような勲章や位階をまとめて栄典という。

批准

条約を国家が最終的に承認すること。

接受

受け入れること。

第8条

賜与

身分の高い者が，身分の下の者に財産などを与えること。

第二章　戦争の放棄

第９条　【戦争放棄，戦力および交戦権の否認】

（１）日本国民は，正義と秩序を基調とする国際平和を誠実に希求し，国権の発動たる戦争と，武力による威嚇又は武力の行使は，国際紛争を解決する手段としては，永久にこれを放棄する。

（２）前項の目的を達するため，陸海空軍その他の戦力は，これを保持しない。国の交戦権は，これを認めない。

第９条

基調

ある作品や論説などでの，主張などの基本的な傾向。

希求

ねがい，もとめること。

国権

国の権力。「国権」という用語そのものには批判的な意味は無い。

威嚇

おどしつけること。

武力の行使

軍事力や兵力を実際に使うこと。この憲法の場合は，実際に戦闘を行うこと，という意味だろう。

交戦権

戦争をなしうる権利。この憲法での「交戦権」の解釈について，自衛のための戦争についての反撃の権利を認めるかどうかが論争・政争などになっている。また，「交戦権」の解釈について次の２つの説がある。（１）戦時国際法では戦争を行ってる国どうしについて戦争当事者として認められている権利があり，それぞれの敵兵を攻撃したり敵国領土を攻撃したりする権利は認められている。この権利のことを，この憲法では「交戦権」と言っているというような説。（２）戦争を行う権利そのものを，この憲法では「交戦権」と言っているという説。

日本国憲法　7

第三章　国民の権利及び義務

第10条　【国民の要件】
日本国民たる要件は，法律でこれを定める。

第11条　【基本的人権の享有】
国民は，すべての基本的人権の享有を妨げられない。この憲法が国民に保障する基本的人権は，侵すことのできない永久の権利として，現在及び将来の国民に与へられる。

第12条　【自由・権利の保持の責任とその濫用の禁止】
この憲法が国民に保障する自由及び権利は，国民の不断の努力によって，これを保持しなければならない。又，国民は，これを濫用してはならないのであつて，常に公共の福祉のためにこれを利用する責任を負ふ。

第13条　【個人の尊重・幸福追求権・公共の福祉】
すべて国民は，個人として尊重される。生命，自由及び幸福追求に対する国民の権利については，公共の福祉に反しない限り，立法その他の国政の上で，最大の尊重を必要とする。

第10条
要件
必要とされる条件。
日本国民たる要件
これを定めた法律としては国籍法がある。

第11条
享有
生まれながらにして持っていること。

第12条
不断
絶えることのない。「普段」とは意味がちがうので，まちがえないように。
濫用
むやみに用いること。「乱用」とは字が違うので，まちがえないように。

第14条 【法の下の平等，貴族の禁止，栄典】

（1）すべて国民は，法の下に平等であって，人種，信条，性別，社会的身分又は門地により，政治的，経済的又は社会的関係において，差別されない。

（2）華族その他の貴族の制度は，これを認めない。

（3）栄誉，勲章その他の栄典の授与は，いかなる特権も伴はない。栄典の授与は，現にこれを有し，又は将来これを受ける者の一代に限り，その効力を有する。

第15条 【公務員選定罷免権，公務員の本質，普通選挙の保障，秘密投票の保障】

（1）公務員を選定し，及びこれを罷免することは，国民固有の権利である。

（2）すべて公務員は，全体の奉仕者であつて，一部の奉仕者ではない。

（3）公務員の選挙については，成年者による普通選挙を保障する。

（4）すべて選挙における投票の秘密は，これを侵してはならない。選挙人は，その選択に関し公的にも私的にも責任を問はれない。

第14条
信条
信念。
門地
家がら。
華族
大日本帝国憲法下の時代にあった特権的な高い地位である爵位を持つ人々とその家族。爵位には公爵・侯爵・伯爵・子爵・男爵があった。

第15条
罷免
職をやめさせること。
固有
そのもの自体が，なんらかの性質などをもとから持っていること。
普通選挙
納税額や身分などに関係なく，自国民の大人なら誰でも投票できて，誰もが同じ一票を持つ選挙。
選挙人
選挙権を持つ人。

第16条 【請願権】

何人も，損害の救済，公務員の罷免，法律，命令又は規則の制定，廃止又は改正その他の事項に関し，平穏に請願する権利を有し，何人も，かかる請願をしたためにいかなる差別待遇も受けない。

第17条 【国および公共団体の賠償責任】

何人も，公務員の不法行為により，損害を受けたときは，法律の定めるところにより，国又は公共団体に，その賠償を求めることができる。

第18条 【奴隷的拘束および苦役からの自由】

何人も，いかなる奴隷的拘束も受けない。又，犯罪に因る処罰の場合を除いては，その意に反する苦役に服させられない。

第19条 【思想および良心の自由】

思想及び良心の自由は，これを侵してはならない。

第16条
何人も
誰でも。だれであっても。まちがって「なんにんも」とは読まないように注意しよう。
請願
国や地方公共団体等の機関に対して，希望などを申し立てること。

第18条
拘束
捕らえたり監禁したりして，自由には動けないようにすること。
苦役
強制的に労働をさせること。

第19条
思想
政治や社会などについての考えかたや見解。

第20条 【信教の自由】

（1）信教の自由は，何人に対してもこれを保障する。いかなる宗教団体も，国から特権を受け，又は政治上の権力を行使してはならない。

（2）何人も，宗教上の行為，祝典，儀式又は行事に参加することを強制されない。

（3）国及びその機関は，宗教教育その他いかなる宗教的活動もしてはならない。

第21条 【集会結社表現の自由，通信の秘密】

（1）集会，結社及び言論，出版その他一切の表現の自由は，これを保障する。

（2）検閲は，これをしてはならない。通信の秘密は，これを侵してはならない。

第22条 【居住移転および職業選択の自由，外国移住および国籍離脱の自由】

（1）何人も，公共の福祉に反しない限り，居住，移転及び職業選択の自由を有する。

（2）何人も，外国に移住し，又は国籍を離脱する自由を侵されない。

第23条 【学問の自由】

学問の自由は，これを保障する。

第20条

信教
宗教を信じること。

信教の自由
どの宗教を信じるかを本人が選ぶ自由。また，宗教を信じないことを選ぶ自由。

祝典
お祝いの儀式。

第21条

結社
人々がなんらかの目的をもった団体をつくること。または，その団体のこと。

検閲
民間による出版物や放送などの内容を，国など公の機関が審査を行い，大衆への発表の前に審査し，発表内容が不適当な内容と認めた場合には発表を禁止すること。

日本国憲法　11

第24条 【家庭生活における個人の尊厳と両性の平等】

（1）婚姻は，両性の合意のみに基いて成立し，夫婦が同等の権利を有することを基本として，相互の協力により，維持されなければならない。

（2）配偶者の選択，財産権，相続，住居の選定，離婚並びに婚姻及び家族に関するその他の事項に関しては，法律は，個人の尊厳と両性の本質的平等に立脚して，制定されなければならない。

第25条 【生存権，国の社会的使命】

（1）すべて国民は，健康で文化的な最低限度の生活を営む権利を有する。

（2）国は，すべての生活部面について，社会福祉，社会保障及び公衆衛生の向上及び増進に努めなければならない。

第26条 【教育を受ける権利，教育の義務】

（1）すべて国民は，法律の定めるところにより，その能力に応じて，ひとしく教育を受ける権利を有する。

（2）すべて国民は，法律の定めるところにより，その保護する子女に普通教育受けさせる義務を負ふ。義務教育は，これを無償とする。

第24条

婚姻
結婚すること。

両性
この憲法の場合，男性と女性のこと。

配偶者
夫婦での，おたがいの結婚相手。夫にとっての妻。妻にとっての夫。

相続
財産を親などから受けつぐこと。

立脚
よって，たつこと。「立脚する」とは「よりどころ にする」というような意味。

第25条

社会福祉
老人福祉や障害者福祉など，社会的弱者に救済を国が与えること。

社会保障
社会保険や公的扶助などによって，国民の生存権を保障すること。

公衆衛生
国民の健康の維持や向上のため，病気の予防などを行うこと。

第26条

普通教育
専門教育・職業教育ではなく，国民にとって社会生活で必要とされる知識などを教え，国民共通に与える教育。

第27条 【勤労の権利および義務，勤労条件の基準，児童酷使の禁止】

（1）すべて国民は，勤労の権利を有し，義務を負う。

（2）賃金，就業時間，休息その他の勤労条件に関する基準は，法律でこれを定める。

（3）児童は，これを酷使してはならない。

第28条 【勤労者の団結権】

勤労者の団結する権利及び団体交渉その他の団体行動をする権利は，これを保障する。

第29条 【財産権】

（1）財産権は，これを侵してはならない。

（2）財産権の内容は，公共の福祉に適合するように，法律でこれを定める。

（3）私有財産は，正当な補償の下に，これを公共のために用いることができる。

第30条 【納税の義務】

国民は，法律の定めるところにより，納税の義務を負う。

第31条 【法定の手続の保障】

何人も，法律の定める手続によらなければ，その生命若しくは自由を奪はれ，又はその他の刑罰を科せられない。

第27条
酷使
重労働などに，こき使うこと。

第28条
団体交渉
労働組合などの労働者の団体が，経営者など使用者を相手に，労働条件について交渉すること。
団体行動
労働者のストライキなど。

第29条
私有財産
個人または民間の会社など，公共機関でない民間の者が所有している財産。

日本国憲法　13

第32条 【裁判の権利】

何人も，裁判所において裁判を受ける権利を奪はれない。

第33条 【逮捕の要件】

何人も，現行犯として逮捕される場合を除いては，権限を有する司法官憲が発し，且つ理由となつてゐる犯罪を明示する令状によらなければ，逮捕されない。

第34条 【抑留・拘禁の要件，不法拘禁に対する保障】

何人も，理由を直ちに告げられ，且つ，直ちに弁護人に依頼する権利を与へられなければ，抑留又は拘禁されない。又，何人も，正当な理由がなければ，拘禁されず，要求があれば，その理由は，直ちに本人及びその弁護人の出席する公開の法廷で示されなければならない。

第35条 【住居の不可侵】

（1）何人も，その住居，書類及び所持品について，侵入，捜索及び押収を受けることのない権利は，第三十三条の場合を除いては，正当な理由に基いて発せられ，且つ捜索する場所及び押収する物を明示する令状がなければ，侵されない。

（2）捜索又は押収は，権限を有する司法官憲が発する各別の令状により，これを行ふ。

第33条

現行犯
ちょうど目の前で犯罪を行っている者。または目の前で犯罪を行い終わった者。

司法官憲
司法に関わる公務員のこと。この条文では裁判官のこと。

令状
裁判官が出す警察などへの許可書で，強制的な処分を行うことを認める文書。逮捕状や差押状などがある。

第34条

抑留
比較的に短い期間，強制的に居場所をとどめおかせること。逮捕にともなう警察署内にある留置場での2日程度の留置など。

拘禁
比較的に長期の間，強制的に居場所をとどめおかせること。刑務所や留置場などで，被疑者や受刑者を，長期間にわたり留めておくこと。

第35条

押収
裁判所・検察官が，証拠物などを差し押さえたり，被疑者から取り上げて没収し警察署などで保管すること。

第36条 【拷問および残虐刑の禁止】

公務員による拷問及び残虐な刑罰は，絶対にこれを禁ずる。

第37条 【刑事被告人の権利】

（1）すべて刑事事件においては，被告人は，公平な裁判所の迅速な公開裁判を受ける権利を有する。

（2）刑事被告人は，すべての証人に対して審問する機会を充分に与へられ，又，公費で自己のために強制的手続により証人を求める権利を有する。

（3）刑事被告人は，いかなる場合にも，資格を有する弁護人を依頼することができる。被告人が自らこれを依頼することができないときは，国でこれを附する。

第38条 【事故に不利益な供述，自白の証拠能力】

（1）何人も，自己に不利益な供述を強要されない。

（2）強制，拷問若しくは脅迫による自白又は不当に長く抑留若しくは拘禁された後の自白は，これを証拠とすることができない。

（3）何人も，自己に不利益な唯一の証拠が本人の自白である場合には，有罪とされ，又は刑罰を科せられない。

第36条

拷問

相手に肉体的苦痛をあたえ，むりやりに情報を出させたり要求にしたがわせること。

第37条

審問

審理のために問いただすこと。

第38条

自白

自分が犯罪を犯したと供述すること。あるいは，自分の犯した犯罪の内容について供述すること。

日本国憲法　15

第39条 【訴求処罰の禁止，一事不再理】

何人も，実行の時に適法であつた行為又は既に無罪とされた行為については，刑事上の責任を問はれない。又，同一の犯罪について，重ねて刑事上の責任を問はれない。

第40条 【刑事補償】

何人も，抑留又は拘禁された後，無罪の裁判を受けたときは，法律の定めるところにより，国にその補償を求めることができる。

第39条

訴求処罰
その法律が定められる前の出来事を，さかのぼって処罰すること。

第四章　国会

第41条　【国会の地位・立法権】

国会は，国権の最高機関であつて，国の唯一の立法機関である。

第42条　【両院制】

国会は，衆議院及び参議院の両議院でこれを構成する。

第43条　【両議院の組織・代表】

（1）両議院は，全国民を代表する選挙された議員でこれを組織する。

（2）両議院の議員の定数は，法律でこれを定める。

第44条　【議員および選挙人の資格】

両議院の議員及びその選挙人の資格は，法律でこれを定める。但し，人種，信条，性別，社会的身分，門地，教育，財産又は収入によつて差別してはならない。

第45条　【衆議院議員の任期】

衆議院議員の任期は，四年とする。但し，衆議院解散の場合には，その期間満了前に終了する。

第41条
国権
国の権力。国家権力。

第44条
選挙人
選挙権を持つ人。公職選挙法で，選挙権は，20歳以上の日本国民に定められている。

第45条
満了
期間を最後まで終えること。

第46条　【参議院議員の任期】

　参議院議員の任期は，六年とし，三年ごとに議員の半数を改選する。

第47条　【選挙に関する事項】

　選挙区，投票の方法その他両議院の議員の選挙に関する事項は，法律でこれを定める。

第48条　【両議院議員　兼職の禁止】

　何人も，同時に両議院の議員たることはできない。

第49条　【議員の歳費】

　両議院の議員は，法律の定めるところにより，国庫から相当額の歳費を受ける。

第50条　【議員の不逮捕特権】

　両議院の議員は，法律の定める場合を除いては，国会の会期中逮捕されず，会期前に逮捕された議員は，その議院の要求があれば，会期中これを釈放しなければならない。

第51条　【議員の発言・表決の無責任】

　両議院の議員は，議院で行つた演説，討論又は表決について，院外で責任を問はれない。

第52条　【常会】

　国会の常会は，毎年一回これを召集する。

第 46 条
改選
議員の任期満了のときに，あらためて選挙を行い，次の任期の議員たちを選ぶこと。

第 49 条
国庫
国家に属する財産の保管場所。あるいは，その国家財産の持ち主として捉えた国家財政および国家のこと。
歳費
国会議員に国から支給される報酬。

第 51 条
表決
議会に提出された議案について，賛成または反対の意思を表明すること。

第53条 【臨時会】

内閣は，国会の臨時会の召集を決定することができる。いづれかの議院の総議員の四分の一以上の要求があれば，内閣は，その召集を決定しなければならない。

第54条 【衆議院の解散・特別会，参議院の緊急集会】

（1）衆議院が解散されたときは，解散の日から四十日以内に，衆議院議員の総選挙を行ひ，その選挙の日から三十日以内に，国会を召集しなければならない。

（2）衆議院が解散されたときは，参議院は，同時に閉会となる。但し，内閣は，国に緊急の必要があるときは，参議院の緊急集会を求めることができる。

（3）前項但書の緊急集会において採られた措置は，臨時のものであつて，次の国会開会の後十日以内に，衆議院の同意がない場合には，その効力を失ふ。

第55条 【資格争訟の裁判】

両議院は，各々その議員の資格に関する争訟を裁判する。但し，議員の議席を失はせるには，出席議員の三分の二以上の多数による議決を必要とする。

第54条

但書

「ただし」や「但し」などをつけて，その直前の文章への例外規定を表す文。

第55条

争訟

訴訟を起こして争うこと。

議席

ここで言う「議席」とは，議員としての資格のこと。

第56条　【定足数，表決】

（１）両議院は，各々その総議員の三分の一以上の出席がなければ，議事を開き議決することができない。

（２）両議院の議事は，この憲法に特別の定のある場合を除いては，出席議員の過半数でこれを決し，可否同数のときは，議長の決するところによる。

第57条　【会議の公開，会議録，表決の記載】

（１）両議院の会議は，公開とする。但し，出席議員の三分の二以上の多数で議決したときは，秘密会を開くことができる。

（２）両議院は，各々その会議の記録を保存し，秘密会の記録の中で特に秘密を要すると認められるもの以外は，これを公表し，且つ一般に頒布しなければならない。

（３）出席議員の五分の一以上の要求があれば，各議員の表決は，これを会議録に記載しなければならない。

第56条

定足数

議会を開くために必要とされる最小限度の出席者数のことをいう。衆参両院では本条文よりそれぞれ３分の１以上の出席者数が必要であり，委員会の定足数については国会法により「その委員の半数以上」つまり２分の１以上が必要であり，両院協議会は３分の２位上である。

過半数

半分をこえる数。

第57条

秘密会

公開されない会議。非公開の会議。

頒布

広く，多くの人に配って，行きわたらせること。

第58条 【役員の選任，議員規則・懲罰】

（1）両議院は，各々その議長その他の役員を選任する。

（2）両議院は，各々その会議その他の手続及び内部の規律に関する規則を定め，又，院内の秩序をみだした議員を懲罰することができる。但し，議員を除名するには，出席議員の三分の二以上の多数による議決を必要とする。

第59条 【法律案の議決・衆議院の優越】

（1）法律案は，この憲法に特別の定のある場合を除いては，両議院で可決したとき法律となる。

（2）衆議院で可決し，参議院でこれと異なつた議決をした法律案は，衆議院で出席議員の三分の二以上の多数で再び可決したときは，法律となる。

（3）前項の規定は，法律の定めるところにより，衆議院が，両議院の協議会を開くことを求めることを妨げない。

（4）参議院が，衆議院の可決した法律案を受け取つた後，国会休会中の期間を除いて六十日以内に，議決しないときは，衆議院は，参議院がその法律案を否決したものとみなすことができる。

第58条

懲罰

ここでいう「懲罰」とは，院内の秩序を乱した議員に国会内で制裁を加えること。国会法122条によると議会秩序のために議員に科せる制裁としては，広会議場における戒告・広会議場における陳謝・一定期間の登院停止・除名（議員の資格をなくす。）の4種類の罰がある。最も重い国会による懲罰が除名。一般的な「懲罰」の意味は，こらしめるために罰すること。

除名

議員としての資格を失わせること。国会による懲罰のうち最も重い懲罰が除名。

日本国憲法　21

第60条 【衆議院の予算先議，予算議決に関する衆議院の優越】

（1）予算は，さきに衆議院に提出しなければならない。

（2）予算について，参議院で衆議院と異なつた議決をした場合に，法律の定めるところにより，両議院の協議会を開いても意見が一致しないとき，又は参議院が，衆議院の可決した予算を受け取つた後，国会休会中の期間を除いて三十日以内に，議決しないときは，衆議院の議決を国会の議決とする。

第61条 【条約の承認に関する衆議院の優越】

条 約の締結に必要な国会の承認については，前条第二項の規定を準用する。

第62条 【議員の国政調査権】

両議院は，各々国政に関する調査を行ひ，これに関して，証人の出頭及び証言並びに記録の提出を要求することができる。

第63条 【閣僚の議員出席の権利と義務】

内閣総理大臣その他の国務大臣は，両議院の一に議席を有すると有しないとにかかはらず，何時でも議案について発言するため議院に出席することができる。又，答弁又は説明のため出席を求められたときは，出席しなければならない。

第60条
予算
一会計年度の，国家または地方公共団体の，歳入と歳出における，見積もり。

第61条
条約
国家間または国家と国際機関間の文書による合意。
締結
とりきめること。

第62条
出頭
本人みずからが，ある場所に出向くこと。

第64条　【弾劾裁判所】

（1）国会は，罷免の訴追を受けた裁判官を裁判するため，両議院の議員で組織する弾劾裁判所を設ける。

（2）弾劾に関する事項は，法律でこれを定める。

第64条

罷免

ある公務員を，やめさせること。

訴追

この条文でいう「訴追」とは，裁判官の罷免を求めるために弾劾の申し立てをすること。一般的には，訴追とは訴えを起こして，訴訟を進めさせること。

弾劾裁判所

衆参両院議員の各7人からなる。

日本国憲法　23

第五章　内閣
ないかく

第65条　【行政権】
ぎょうせいけん

行政権は，内閣に属する。

第66条　【内閣の組織，国会に対する連帯責任】
れんたい

（1）内閣は，法律の定めるところにより，その首長たる内閣総理大臣及びその他の国務大臣でこれを組織する。
しゅちょう

（2）内閣総理大臣その他の国務大臣は，文民でなければならない。

（3）内閣は，行政権の行使について，国会に対し連帯して責任を負ふ。

第67条　【内閣総理大臣の指名，衆議院の優越】
ゆうえつ

（1）内閣総理大臣は，国会議員の中から国会の議決で，これを指名する。この指名は，他のすべての案件に先だつて，これを行ふ。

（2）衆議院と参議院とが異なつた指名の議決をした場合に，法律の定めるところにより，両議院の協議会を開いても意見が一致しないとき，又は衆議院が指名の議決をした後，国会休会中の期間を除いて十日以内に，参議院が，指名の議決をしないときは，衆議院の議決を国会の議決とする。

第66条

長

組織の中で，いちばん，えらい者。

文民

軍人でない人。この規定にともなって，日本では現役の自衛官は大臣にしないのが，日本では一般である。では，自衛隊を退役した元・自衛官についてはどうあるべきか，諸説ある。つまり，どの範囲までを「軍人」というかに多くの説がある。現憲法では自衛官も人権として参政権を持っており，それとの整合性についても諸説ある。なお，過去の戦後の昭和時代のころの日本においては「文民」と言う場合には「職業軍人の経歴を有しない者」とする説が有力であったが，べつに文民に対応する英語の civilian（シビリアン）には政治家の軍隊経験そのものを禁じるような国際的な定説は無く，たとえばアメリカ合衆国では元・職業軍人のアイゼンハワーが選挙に出て政治家に転職し大統領（第34代）になっているという例もある。

第67条

案件

議案にかけられている事がら。議題にされている事がら。
こと

第68条 【国務大臣の任命および罷免】

（1）内閣総理大臣は，国務大臣を任命する。但し，その過半数は，国会議員の中から選ばれなければならない。

（2）内閣総理大臣は，任意に国務大臣を罷免することができる。

第69条 【内閣不信任決議の効果】

内閣は，衆議院で不信任の決議案を可決し，又は信任の決議案を否決したときは，十日以内に衆議院が解散されない限り，総辞職をしなければならない。

第70条 【内閣総理大臣の欠缺・新国会の召集と内閣の総辞職】

内閣総理大臣が欠けたとき，又は衆議院議員総選挙の後に初めて国会の召集があったときは，内閣は，総辞職をしなければならない。

第71条 【総辞職後の内閣】

前二条の場合には，内閣は，新たに内閣総理大臣が任命されるまで引き続きその職務を行ふ。

第72条 【内閣総理大臣の職務】

内閣総理大臣は，内閣を代表して議案を国会に提出し，一般国務及び外交関係について国会に報告し，並びに行政各部を指揮監督する。

第 68 条
任意
法的な制限なく，自由に選択すること。意のままに，まかせること。

第 69 条
不信任
この条文での不信任とは，国会が内閣を信用せず，その存続をみとめないこと。
総辞職
この条文での総辞職とは，内閣総理大臣および全ての国務大臣が自ら職をやめること。一般に「辞職」とは，みずから職をやめること。

第 70 条
欠缺
欠けていること。この条文見出しでは，欠員のこと。

第73条 【内閣の職務】

内閣は，他の一般行政事務の外，左の事務を行ふ。

一　法律を誠実に執行し，国務を総理すること。

二　外交関係を処理すること。

三　条約を締結すること。但し，事前に，時宜によつては事後に，国会の承認を経ることを必要とする。

四　法律の定める基準に従ひ，官吏に関する事務を掌理すること。

五　予算を作成して国会に提出すること。

六　この憲法及び法律の規定を実施するために，政令を制定すること。但し，政令には，特にその法律の委任がある場合を除いては，罰則を設けることができない。

七　大赦，特赦，減刑，刑の執行の免除及び復権を決定すること。

第74条 【法律・政令の署名】

法律及び政令には，すべて主任の国務大臣が署名し，内閣総理大臣が連署することを必要とする。

第75条 【国務大臣の特典】

国務大臣は，その在任中，内閣総理大臣の同意がなければ，訴追されない。但し，これがため，訴追の権利は害されない。

第73条

総理する

全てを処理・管理すること。

時宜によつては

場合によつては。都合によつては。状況によつては。

掌理　全体を取りまとめて処理・管理すること。

第74条

連署

同一の文書等に複数の者が名を書き連ねること。同一の文書等に複数の者が署名すること。

26

第六章　司法

第76条　【司法権・裁判所，特別裁判所の禁止，裁判官の独立】
（１）すべて司法権は，最高裁判所及び法律の定めるところにより設置する下級裁判所に属する。
（２）特別裁判所は，これを設置することができない。行政機関は，終審として裁判を行ふことができない。
（３）すべて裁判官は，その良心に従ひ独立してその職権を行ひ，この憲法及び法律にのみ拘束される。

第77条　【最高裁判所の規則制定権】
（１）最高裁判所は，訴訟に関する手続，弁護士，裁判所の内部規律及び司法事務処理に関する事項について，規則を定める権限を有する。
（２）検察官は，最高裁判所の定める規則に従はなければならない。
（３）最高裁判所は，下級裁判所に関する規則を定める権限を，下級裁判所に委任することができる。

第76条
特別裁判所
特定の種類の事件をあつかう裁判所であるか，あるいは特定の身分を持つ人についてのみ扱う裁判所であって，さらに司法裁判所の司法権に属さない裁判所。大日本帝国憲法下での行政裁判所や軍法会議，皇室裁判所などのこと。ただし国会が設置する弾劾裁判所は例外である。
（※ 中学の範囲外。大学範囲）なお，海難審判所や国税不服審判所などの行政審判所は司法裁判所の管理下に属するので，特別裁判所には含めない。本76条の規定通り，行政審判は終審には出来ない。
終審
その裁判について，それ以上は訴えることのできない最終的な審判。

第77条
検察官
犯罪を捜査し，起訴および維持する権限をもつ公務員。

日本国憲法　27

第78条　【裁判官の身分の保障】

裁判官は，裁判により，心身の故障のために職務を執（と）ることができないと決定された場合を除いては，公（おおやけ）の弾劾によらなければ罷免されない。裁判官の懲戒処分（ちょうかい）は，行政機関がこれを行ふことはできない。

第79条　【最高裁判所の裁判官，国民審査（こくみんしんさ），定年（ていねん），報酬（ほうしゅう）】

（1）最高裁判所は，その長たる裁判官及び法律の定める員数のその他の裁判官でこれを構成し，その長たる裁判官以外の裁判官は，内閣でこれを任命する。

（2）最高裁判所の裁判官の任命は，その任命後初めて行はれる衆議院議員総選挙の際国民の審査に付し，その後十年を経過した後初めて行はれる衆議院議員総選挙の際更に審査（さい）に付し，その後も同様とする。

（3）前項の場合において，投票者の多数が裁判官の罷免を可とするときは，その裁判官は，罷免される。

（4）審査に関する事項は，法律でこれを定める。

（5）最高裁判所の裁判官は，法律の定める年齢に達した時に退官する。

（6）最高裁判所の裁判官は，すべて定期に相当額の報酬（ほうしゅう）を受ける。この報酬は，在任中，これを減額することができない。

第78条
心身の故障
重い病気など心や体に生じた障害。

第80条 【下級裁判所の裁判官・任期・定年，報酬】

（1）下級裁判所の裁判官は，最高裁判所の指名した者の名簿によつて，内閣でこれを任命する。その裁判官は，任期を十年とし，再任されることができる。但し，法律の定める年齢に達した時には退官する。

（2）下級裁判所の裁判官は，すべて定期に相当額の報酬を受ける。この報酬は，在任中，これを減額することができない。

第81条 【法令審査権と最高裁判所】

最高裁判所は，一切の法律，命令，規則又は処分が憲法に適合するかしないかを決定する権限を有する終審裁判所である。

第82条 【裁判の公開】

（1）裁判の対審及び判決は，公開法廷でこれを行ふ。

（2）裁判所が，裁判官の全員一致で，公の秩序又は善良の風俗を害する虞があると決した場合には，対審は，公開しないでこれを行ふことができる。但し，政治犯罪，出版に関する犯罪又はこの憲法第三章で保障する国民の権利が問題となつてゐる事件の対審は，常にこれを公開しなければならない。

第82条

対審

裁判で，対立している双方の当事者（民事訴訟では原告と被告，刑事訴訟では検察官と被告人・弁護人）が，裁判官の前でそれぞれの主張を述べること。民事訴訟における口頭弁論，刑事訴訟における公判手続などが，これにあたる。

善良の風俗

社会での道徳や，良いとされる習慣など。

虞

心配。

第七章　財政

第83条　【財産処理の基本原則】
国の財政を処理する権限は，国会の議決に基いて，これを行使しなければならない。

第84条　【課税】
あらたに租税を課し，又は現行の租税を変更するには，法律又は法律の定める条件によることを必要とする。

第85条　【国費の支出および国の債務負担】
国費を支出し，又は国が債務を負担するには，国会の議決に基くことを必要とする。

第86条　【予算】
内閣は，毎会計年度の予算を作成し，国会に提出して，その審議を受け議決を経なければならない。

第87条　【予備費】
予見し難い予算の不足に充てるため，国会の議決に基いて予備費を設け，内閣の責任でこれを支出することができる。
すべて予備費の支出については，内閣は，事後に国会の承諾を得なければならない。

第84条
租税
いわゆる税金のこと。

第85条
債務
この条文では，たとえば借金での返す義務のように，将来にお金を払う義務のこと。

第88条 【皇室財産・皇室の費用】

　すべて皇室財産は，国に属する。すべて皇室の費用は，予算に計上して国会の議決を経なければならない。

第89条 【公の財産の支出または利用の制限】

　公金その他の公の財産は，宗教上の組織若しくは団体の使用，便益若しくは維持のため，又は公の支配に属しない慈善，教育若しくは博愛の事業に対し，これを支出し，又はその利用に供してはならない。

第90条 【決算検査，会計検査院】

　国の収入支出の決算は，すべて毎年　会計検査院がこれを検査し，内閣は，次の年度に，その検査報告とともに，これを国会に提出しなければならない。

　会計検査院の組織及び権限は，法律でこれを定める。

第91条 【財政状況の報告】

　内閣は，国会及び国民に対し，定期に，少くとも毎年一回，国の財政状況について報告しなければならない。

第 88 条
計上
予算の中に，ふくませること。

第 89 条
公金
国や地方公共団体のお金。

便益
便利なこと。利益になること。

第 90 条
会計検査院
国家機関の一つで，国の収入支出の決算を検査する。

日本国憲法　31

第八章　地方自治

第92条　【地方自治の基本原則】
　地方公共団体の組織及び運営に関する事項は，地方自治の本旨に基いて，法律でこれを定める。

第93条　【地方公共団体の機関，その直接選挙】
　地方公共団体には，法律の定めるところにより，その議事機関として議会を設置する。
　地方公共団体の長，その議会の議員及び法律の定めるその他の吏員は，その地方公共団体の住民が，直接これを選挙する。

第94条　【地方公共団体の権能】
　地方公共団体は，その財産を管理し，事務を処理し，及び行政を執行する権能を有し，法律の範囲内で条例を制定することができる。

第95条　【特別法の住民投票】
　一の地方公共団体のみに適用される特別法は，法律の定めるところにより，その地方公共団体の住民の投票においてその過半数の同意を得なければ，国会は，これを制定することができない。

第92条
本旨
あるべき姿。ありかた。

第93条
吏員
地方公務員など。

第95条
特別法
ここでいう特別法とは，特定の地域のみに適用される法。例としては，広島平和記念都市建設法（昭和24年法律第219号），長崎国際文化都市建設法（昭和24年法律第220号），横浜国際港都建設法（昭和25年法律第248号）などの国際港都建設法（横浜・神戸），京都国際文化観光都市建設法（昭和25年法律第251号）などの国際文化観光都市建設法（京都・奈良・松江）などがある。

第九章　改正

第96条　【改正の手続，その公布】

この憲法の改正は，各議院の総議員の三分の二以上の賛成で，国会が，これを発議し，国民に提案して　その承認を経なければならない。この承認には，特別の国民投票又は国会の定める選挙の際行われる投票において，その過半数の賛成を必要とする。

憲法改正について前項の承認を経たときは，天皇は，国民の名で，この憲法と一体を成すものとして，直ちにこれを公布する。

第 96 条

発議

議案を提出すること。

日本国憲法　33

第十章　最高法規

第97条　【基本的人権の本質】

　この憲法が日本国民に保障する基本的人権は，人類の多年にわたる自由獲得の努力の成果であつて，これらの権利は，過去幾多の試錬に堪へ，現在及び将来の国民に対し，侵すことのできない永久の権利として信託されたものである。

第98条　【最高法規，条約および国際法規の遵守】

　この憲法は，国の最高法規であつて，その条規に反する法律，命令，詔勅及び国務に関するその他の行為の全部又は一部は，その効力を有しない。

　日本国が締結した条約及び確立された国際法規は，これを誠実に遵守することを必要とする。

第99条　【憲法尊重擁護の義務】

　天皇又は摂政及び国務大臣，国会議員，裁判官その他の公務員は，この憲法を尊重し擁護する義務を負ふ。

第98条
条規
条文に書かれている規則・規定。

第99条
擁護
まもること。かばうこと。

第100条
起算
数え始めること。
施行
法令の効力を実際に発生させること。

第十一章　補則

第100条　【憲法施行期日，準備手続】

この憲法は，公布の日から起算して六箇月を経過した日から，これを施行する。

この憲法を施行するために必要な法律の制定，参議院議員の選挙及び国会召集の手続並びにこの憲法を施行するために必要な準備手続は，前項の期日よりも前に，これを行ふことができる。

第101条　【経過規定 ― 参議院未成立の間の国会】

この憲法施行の際，参議院がまだ成立してゐないときは，その成立するまでの間，衆議院は，国会としての権限を行ふ。

第102条　【同前 ― 第１期の参議院議員の任期】

この憲法による第一期の参議院議員のうち，その半数の者の任期は，これを三年とする。その議員は，法律の定めるところにより，これを定める。

第103条　【同前 ― 公務員の地位】

この憲法施行の際現に在職する国務大臣，衆議院議員及び裁判官並びにその他の公務員で，その地位に相応する地位がこの憲法で認められてゐる者は，法律で特別の定をした場合を除いては，この憲法施行のため，当然にはその地位を失ふことはない。但し，この憲法によつて，後任者が選挙又は任命されたときは，当然その地位を失ふ。

日本国憲法　35

解説日本国憲法

1　日本国憲法の制定

1　大日本帝国憲法の特徴

◆現在の日本国の民主政治のあり方は，第二次世界大戦前の政治への反省と深く関係しています。そこで，まず大日本帝国憲法（明治憲法）を中心に戦前の政治の特徴を調べてみましょう。

◎憲法の制定

　明治維新で権力を握った薩摩・長州（薩長）のリーダーたちは，藩閥専制政権をつくり，自由と政治参加を要求する国民の自由民権運動を抑えつつも，不平等条約を改正するために，文明国の体裁を早く整える必要から，憲法の制定と立憲政治の実現を迫られました。そこで，君主権の強大なドイツ流の立憲制（※1）が採用されることになりました。

※1 プロイセン王がドイツ皇帝をかねる形で国を統一し，ドイツ帝国が生まれました。その立憲主義は単なる外見にすぎませんでした。

```
専制君主制 ➡ 立憲君主制 ┌ ドイツ流の君主権の強大な立憲制
                        │ →明治政府が採用
                        └ イギリス流の議会中心の立憲制
```

◎大日本帝国憲法の特徴

　立憲政治である以上，憲法で君主の権力を制限しなくてはならないのですが，明治政府は，天皇に強大な権限を持たせて，立憲制の形式と妥協させました（外見的立憲主義の例）。

①**欽定憲法**　君主＝天皇によって定められた憲法
　　　　　　　　　　（天皇が国民に与える憲法）

38

②**天皇主権**　万世一系の天皇が，日本を統治するとした天皇主権の憲法である。

> Q　日本が，憲法制定に際し，ドイツ憲法を模範としたのは，なぜですか。
> A　明治政府は，英米のような民主主義の発達した国の統治機構を導入すると，自由民権運動の指導者たちが政界に進出して指導権をとる危険性があると考えました。そのため，国会開設を約束したときに，天皇大権を基本として，それを傷つけない限度で議会を認める方針をたてました。衆議院を押さえる貴族院を設けたのもそのためです。
> 　このような考えの岩倉具視は君主大権主義的なドイツ憲法を模範とすることを命じ，民間の自由民権論者のイギリス流議会政治の主張を拒否したのです。

明治憲法下の天皇の地位　→　国の主権者，国の元首。統治権を一手に掌握…広汎な天皇大権（※2）

※2　緊急勅令，独立命令の発布，文武官の任命，陸海軍の統帥，宣戦・講和，条約の締結，戒厳の宣告，栄典の授与，恩赦，非常大権の発動など。

[補説]　大権
不合理な差別の例　父母など目上の直系血族（尊属）を殺した子は，一般の殺人罪より重い無期懲役または死刑とする。

③**統治機構**　天皇の下での機能分担が行われました。

1）帝国議会　衆議院と貴族院の二院制。衆議院に予算先議権があるほかはまったく対等。衆議院は国民に選挙された議員よりなり，貴族院は皇族や華族，勅任議員（※3）で構成されました。議会の権限は天皇の立法権を協賛することですが，緊急勅令・独立命令のように天皇は議会とは独立に命令を発することができました（※4）。

2）内閣　憲法に内閣の規定はなく，国務大臣は個別に天皇を輔弼（補佐）し，天皇に対して責任を負うと規定され（※5），議会に対する責任の規定はありませんでした…議院内閣制・政党内閣制を否定。

※3　国家功労者・学識者の勅選議員や多額納税者議員。

※4　政府が緊急財政処介権をもつ点や，予算不成立のときに前年度予算で代行できる点など。

※5　司法権は，天皇の名において裁判所がこれを行うとされたので，他の機関の干渉は行われにくくなっていました。

解説日本国憲法　39

３）裁判所　憲法に司法権をもつことが規定され，「大津事件」にみられるように司法権の独立もある程度は確立されました。しかし，司法裁判所以外に行政裁判所や軍法会議などの特別裁判所（※6）の設置が認められていました。

［用語］**大津事件**

1891年，ロシア皇太子ニコライ2世の訪日の際，大津で警備の巡査が抜刀して傷を負わせた。憲法発布の翌々年のことで，ロシアを恐れる政府は犯人を死刑にせよと主張したが，ときの大審院長児島惟謙の激励もあって，法律の規定通り，司法権の独立は守られました。

④臣民の権利　国民は天皇の臣民とされ，一定の自由権も天皇から恩恵的に法律の範囲内で与えられたものにすぎませんでした。また，天皇の非常大権で権利が停止される規定もありました。つまり，法律によって権利を制限してもよいということで，人権が議会の意思（法律）に左右され，不安定なものでした。これを，法律の留保といいます。

⑤臣民の義務

１）兵役の義務　国民皆兵の原則により満20歳以上の男子はすべて兵役につくこと。

２）納税の義務　税金を納めること。

2　日本国憲法の制定

◆日本国憲法が制定されておよそ80年たち，国民に受け入れられてきた反面，最近は憲法改正の動きもみられます。そこで，いまの憲法が制定された政治過程を調べておきましょう。

※6特別裁判所とは，司法裁判所から独立して終審の裁判を行う機関のこと。

大日本帝国憲法（抄）
（1889年発布）
第1条
大日本帝国ハ万世一系ノ天皇之ヲ統治ス。
第3条
天皇ハ神聖ニシテ侵スヘカラス。
第4条
天皇ハ国ノ元首ニシテ統治権ヲ総攬シ此ノ憲法ノ条規ニ依リ之ヲ行フ。
第5条
天皇ハ帝国議会ノ協賛ヲ以テ立法権ヲ行フ。
第11条
天皇ハ陸海軍ヲ統帥ス。
第56条
国務各大臣ハ天皇ヲ輔弼シ其ノ責ニ任ス。
（第二項略）
第57条
司法権ハ天皇ノ名ニ於テ法律ニ依リ裁判所之ヲ行フ，（第二項略）

◎新憲法の必要性

　1945（昭和20）年8月，わが国はポツダム宣言（※1）を受諾して，無条件降伏をしました。敗戦によって，日本は，アメリカのマッカーサーを最高司令官とする連合国軍総司令部（GHQ）の占領下におかれました。

①**ポツダム宣言**　ポツダム宣言は，わが国に対し，軍国主義をやめ，二度と戦争のしない，平和で，基本的人権の保障される民主的国家に生まれかわることを要求していました。これにより，大日本帝国憲法の改正は避けられない運命となります。

②**民主化の進展**　さらにGHQはポツダム宣言に沿って，1945年10月，治安維持法廃止・政治犯の釈放・特高警察の廃止・言論の自由など人権指令（※2），さらに婦人参政権・労働組合結成の促進・教育の自由主義化・圧制的諸制度の廃止・経済の民主化の五大改革指令を命じました。

　これらの指令は，従来のわが国の封建的な政治原理をまったくくつがえすものであり，ここにいたって憲法の全面的な改正が当然のこととなりました。

（用語）**GHQ**

General Head Quarters の略で連合国軍総司令部。日本占領の中央管理機構として，ポツダム宣言の実施を監督し日本政府に指令を出しました。実質的にはアメリカの単独占領機関であり，冷戦が始まると，反共，日本武装化へと政策が転換しました。

◎日本国憲法の制定過程

　弊原内閣は憲法問題調査委員会を設け，憲法改正の研究を行いました。委員長・松本烝治国務大臣は松本案といわれる草案をまとめてGHQに提出しましたが，それは，天皇が統

※1 1945年7月，米英中3国（のちソ連も参加）が発した日本に対する無条件降伏の勧告。
※2 この指令を受けた東久邇内閣は総辞職し，代わって弊原喜重郎内閣が成立した。

ポツダム宣言（抄）
（ポツダム会談で発表）
6…日本国民を欺瞞し，世界征服の挙に出づるの過誤を犯さしめたる者の権力及，勢力は，永久に除去せられざるべからず。
8…日本国の主権は，本州・北海道・九州及四国並に吾等の決定する諸小島に局限せらるべし。
10…一切の戦争犯罪人に対しては厳重なる処罰を加へらるべし。日本国政府は，日本国国民の間に於ける民主主義的傾向の復活強化に対する一切の障礙を除去すべし。言論，宗教及思想の自由並に基本的人権の尊重は，確立せらるべし。
12…前記諸項目が達成せられ且日本国国民の自由に表明せる意思に従ひ平和的傾向を有し且責任ある政府が樹

解説日本国憲法　41

治権を総攬するという従来の基本原則は変えないものだったので，GHQ は松本案を拒否し，GHQ に命じて作成した別の草案（マッカーサー草案）（※3）の採用を日本政府に要求しました。日本政府はこの草案に沿った日本政府案を作成しました。

●日本国憲法制定までの経過

1945 年 8 月 14 日…ポツダム宣言を受諾。

10 月 11 日…マッカーサーによる五大改革の指令。

1946 年 1 月 1 日…天皇が自らの神格を否定し，人間宣言を行う。

2 月 3 日…マッカーサーが，GHQ 民生局に基本三原則（※4）を示して憲法草案を早急に作成するよう命ずる。

2 月 8 日…松本案（憲法改正要綱）が GHQ に提出。

2 月 10 日…GHQ 民生局が憲法草案を完成。

2 月 13 日…GHQ は松本案を拒否し，マッカーサー草案の採用を要求。

2 月 22 日…閣議，マッカーサー草案の採用を決定。

3 月 6 日…日本政府が憲法改正草案要綱（※5）を発表。GHQ が承認。

4 月 10 日…新選挙法による第一回衆議院議員総選挙が実施。

4 月 17 日…日本政府が憲法改正草案を発表。

4 月 22 日…枢密院が草案の審議を開始する。6 月 8 日に可決。

6 月 25 日…衆議院が審議を開始する。8 月 24 日に修正可決。

立せらるるに於ては，連合国の占領軍は，直に日本国より撤収せらるべし。

※3 政府の案とは別に政党や知識人などから 13 の民間憲法草案が出ました。

※4 マッカーサー＝ノートといわれるもので
①天皇制の民主化（国の最上位 = 元首），
②戦争放棄
③封建的諸制度の廃止，
の三原則。

※5 1945 年 11 月に日本共産党による新憲法骨子，1946 年 1 月に日本自由党案，2 月に日本進歩党案，日本社会党案が発表されました。

8月26日…貴族院が審議を開始する。10月6日に
修正可決。

日本国憲法……基本三原則は ┬国民主権
├1946年11月3日公布   ├基本的人権の尊重
└1947年5月3日施行   └平和主義

Q　マッカーサーが新憲法制度を急いだのはなぜですか。
A　アメリカは日本の占領を単独で行いたかったのですが，イギリス・ソ
連も占領参加を要求し，1945年12月のモスクワ3国外相会議で，対日占領
政策の最高決定機関として米英中ソなど11か国からなる極東委員会の設置
を決定し，その発足が翌年の2月26日に予定されていました。そうなると，
ソ連なども日本の管理（とくに憲法改正）に介入してくることが予想され
たので，極東委員会の発足の前に憲法改正の既成事実をつくりあげるため
に急いだのです。

◎大日本帝国憲法の制定過程と日本国憲法の比較
①大日本帝国憲法は欽定憲法でしたが，日本国憲法は民定憲
　法。（以下，新憲法と表記）
②主権者は，天皇から国民へ変わりました。
③天皇は国の元首，統治権の総攬者で神聖不可侵とされてい
　ましたが，新憲法では，日本国と国民統合の象徴とされ，
　政治権力はなくなりました。
④軍隊の統帥権は天皇がもち，国民には兵役の義務がありま
　したが，新憲法では，平和主義の立場で，戦争を放棄し戦
　力を持ちません。
⑤国民は臣民とされ，その自由・権利は法律の範囲内でしか
　与えられませんでしたが，新憲法では，基本的人権が幅広
　く保障されました。
⑥新憲法では，立法・行政・司法の三権分立（※6）が確立
　されました。

※6大日本帝国憲法
では，議会は天皇の協
賛機関であり，内閣は
天皇を助けて政治を行
い，裁判所は天皇の名
で裁判を行うこととさ
れました。
つまり，天皇が統治権
を総攬し，その下で三
権の機能的な分担とし
ました。

解説日本国憲法　43

検証！

　日本国憲法の制定過程と，大日本帝国憲法との相違を検証しつつ，日本国憲法の歴史的な意義ならびに，自身の考える憲法の在り方を考えてみましょう。

2　日本国憲法と国民主権

1　国民主権と天皇制

◆日本国憲法と大日本帝国憲法との最も重要な相違点は，主権が天皇から国民に移ったことです。しかし天皇制は残っているので，国民主権とどのように調和させていくか，また，国民主権が政治上どのように反映されているかなどを考えていきましょう。

◎天皇の地位の変更
①主権者から象徴へ（※1）　天皇は主権者から象徴にかわりました。そして天皇の権限は，大権はもちろん，国政に関して自らの意思ではたらきかけることはいっさい禁止され，形式的・儀礼的な国事に関する行為（国事行為）が，内閣の助言と承認のもとに認められるだけになりました。

補説　マッカーサー草案の主権在民の表現をあいまいにするため，日本政府は，前文で「ここに国民の総意が至高なものであることを宣言し……」，第1条で「……この地位は，日本国民の至高の総意に基く」とした。しかし，極東委員会は，「新日本憲法の基本諸原則」の中で「主権は国民にあることを認めなければならない」と決定，これを受けてGHQも国民主権（主権在民）を明記するよう迫り，議会修正で現在の形になりました。

日本国憲法
（国民主権に関する規定）
前文
ここに主権が国民に在ることを宣言し，この憲法を確定する。
第1条
天皇は，日本国の象徴で日本国民統合の象徴であって，この地位は，主権の存する日本国民の総意に基く。

※1 平和を鳩であらわすように，目に見えない抽象的観念を目に見える具体的事物で示すこと。大英帝国が連邦制に移ったときのウェストミンスター憲章（1931年）で，「国王はイギリス連邦所属国の自由な結合の象徴」とさだめた例もあります。

②皇室典範の変化

　大日本帝国憲法時代，皇室典範は憲法と同格の最高法規とされましたが，日本国憲法では，この憲法のみが最高法規で，皇室典範は一般の法律と同格とされ，国会が制定するものとなりました。

（用語）　皇室典範

皇室・皇族に関する事項を定めた法律で，皇位継承の順位，皇族の範囲，摂政，皇室会議などの規定があります。

```
                   天皇の地位の変化
〔大日本帝国憲法〕              〔日本国憲法〕
主権者・元首で，統治権の         日本国・日本国民の統合の
総攬者                         象徴
神聖不可避の存在               国事行為のみを行う
神勅（神のお告げ）による         （国民の総意に基づく）
```

（検証！）

　大日本帝国憲法と日本国憲法における，天皇の地位の変化・相違を踏まえて，現在の天皇の位置づけや，天皇の国事行為・公務などの詳細について，考えてみましょう。

◎天皇の国事行為

　天皇の国事行為は憲法第6条の任命権と第7条のものに限られ，内閣の助言と承認 によって行います。（※2）その責任は天皇にはなく，内閣が国会に対して責任を負うことになります。

```
                 ┌ 国会の指名に基づいて➡内閣総理大臣を任命
天皇の任命権 ─┤
                 └ 内閣の指名に基づいて➡最高裁判所長官を任命
```

※2天皇が自らの政治的意見を述べることは国政に影響をおよぼすので，許されません。天皇および皇族は，法の下の平等に反して権利の制限をうける（選挙権や被選挙権，外国移住，国籍離脱などが認められない）が，国庫から皇室費を支給されるといった特権も有します。

解説日本国憲法　45

①第6条の任命権

②第7条の国事行為 （※3）

> Q　天皇は憲法にさだめられた国事行為のほかに，政治的・社会的な行為を行ったりするのでしょうか。
> A　国事行為としては憲法にさだめられたものしか許されませんが，国会開会式に出席しておことばを述べたり，植樹祭に出席されたり，国内巡行や外国訪問したりすることは，純然たる私的行為とは異なり，政治的社会的に重要な意味をもつ行為です。そこで，国事行為と私的行為のほかに，公的行為または象徴としての行為を設け，内閣またはその監督下にある宮内庁の補佐にもとづくことを条件に黙認するという解釈が有力です。

1　憲法改正・法律・政令・条約の公布

2　国会を召集すること

3　衆議院を解散すること

4　国会議員の総選挙の施行の公示

5　国務大臣などの任免の認証（※4）や，大使などの信任状の認証

6　恩赦の認証

7　栄典の授与

8　批准書その他の外交文書の認証

9　外国の大使・公使の接受

10　儀式を行うこと

トピック　象徴天皇制の背景

　日本政府は，ポツダム宣言の受諾通告に「天皇の国家統治の大権に変更がない」（国体護持）という留保をつけたが，連合国は「日本国民の自由に表明する意思により決定すべきもの」と回答しました。結局，これを受け入れて降伏したが，そのため，敗戦後，天皇制をどうするかが最大の政治問題と

※3 ただし，憲法に定める国事行為の他に，「公的行為」を行っています（下のQ&A参照）。

※4 一定の行為や文書が正当な手続きでなされたことを証明する行為。

日本国憲法
（天皇の権能に関する規定）
第3条
天皇の国事に関するすべての行為には，内閣の助言と承認を必要とし，内閣が，その責任を負ふ。
第4条
天皇は，この憲法の定め国国事に関する行為のみを行ひ，国政に関する権能を有しない。

なりました。

　連合国側は，戦争をおこした原因の一つに天皇制があると
みていたし，天皇を戦争犯罪人として裁判にかけることや天
皇制廃止の要求が，ソ連・中国・オーストラリア・アメリカ
国内でも強くありました。しかし，アメリカ政府やGHQは，
占領を円滑に進めるには天皇の存在を利用したほうがよい
し，日本が軍備を全廃すれば天皇制が存続しても再びアメリ
カの脅威にはならないと考えました。松本案に固執する日本
政府には，マッカーサー案を拒否すれば，国際世論は天皇制
廃止の憲法を押しつけてくると説得しました。このような背
景のもとで，妥協の産物としての象徴天皇制となりました。

検証！
　象徴天皇制について，自身の意見などを考えてみましょう。

2　国民主権と代表民主制

◎国民の信託による国政

　日本国憲法の前文に，日本の政治原則は国民主権であり，
そのために政治は国民の代表者からなる議会制度によるこ
と，これは人類普遍の原理であり，これに反することは許さ
れないと規定されています。これは，ロックの社会契約説か
らバージニア権利章典，アメリカ独立宣言，フランス人権宣
言の流れを受け継ぎリンカーンのゲティスバーグ演説「人民
の，人民による，人民のための政治」と同じ意味です。

解説日本国憲法　47

> 国家権力の源泉は，国民にある。（国民主権）
>
> 国家権力を行使するのは，国民の代表（※1）である。
>
> （代表民主制）
>
> 国家権力は，国民の幸福と利益を目的として行使される。

※1 国民代表とは，全国民を代表し，選挙区や一部の国民の代表ではありません。（憲法第43条）

◎国民主権

①代表民主制の具体化

現代の大規模な領土と人口をもつ国家では，直接民主制は物理的に不可能に近い。そこで代表民主制（間接民主制＝代議制）を基本とします。その場合，国民の意思が代表機関に反映するような選挙制度があり，また代表機関が国権の最高機関として強化されなければ，国民主権に反します。

1　普通・平等選挙，秘密投票制…憲法第15条，43条，44条。

2　国会は国権の最高機関で唯一の立法機関…憲法第41条。

3　議院内閣制により，行政府が議会に対して政治責任を負うので，間接的に国民の意思に従うことになる…憲法第66条，67条，68条。

②直接民主制による補完

国民が直接決定に参与する直接民主制度も導入して，間接民主制の不備を補完しています。

1　憲法改正の国民投票…憲法第96条

2　地方特別法の住民投票…第95条

3　最高裁の裁判官の国民審査…第79条

日本国憲法（前文）
（代表民主制に関する部分）

　日本国民は，正当に選挙された国会における代表者を通じて行動し，……………… そもそも国政は，国民の厳粛な信託によるものであって，その権威は国民に由来し，その権力は国民の代表者がこれを行使し，その福利は国民がこれを享受する。

これは人類普遍の原理であり，この憲法は，かかる原理に基くものである。

憲法改正の手続き

①国会が発議・・・衆参各院で総議員の3分の2以上の賛成で
　　　　　　　　改正を発議（両院同等の権限）
　　⇩
②国民投票※・・・過半数の賛成が必要（国民主権の発現）
　　⇩
③天皇の公布・・・国民の名で，この憲法と一体をなすものと
　　　　　　　　して公布（天皇の国事行為）

※国民投票法（2007年）の手続きによる。

検証！

　ハードルが高いと言われている，憲法改正の手続きについて，どのよう
に感じますか。改正の手順などを踏まえ，自身の考えを述べてみましょう。

解説日本国憲法　49

3 人権保障の特色と平等権

1 明治憲法と日本国憲法の人権保障

◆大日本帝国憲法（明治憲法）にも自由権を保障する規定がありました。これは，封建時代にくらべると大きな進歩であったが，実際には，人権が抑圧される状態が起こりました。なぜでしょうか。

日本国憲法では，それはどのように改善されたのか，みてみましょう。

◎明治憲法の臣民の権利

明治憲法において，一定の自由権が臣民の権利として認められました（※1）が，この権利の根拠は，天皇によって恩恵的に与えられたことにあるとされ，その保障も「法律の範囲内に」限られていました。つまり，法律によって制限できたのです（法律の留保）。

また，明治憲法には「法の下の平等」という規定はなく，ただ国民（臣民）は等しく公務につくことができる（公務就任権）という規定があったのみでした。

◎日本国憲法の基本的人権

日本国憲法において，近代的人権が完全に保障され，世界でも進んだものとなりました。それは，次の五つの点にあらわれています。

① 法律の留保を排し，自然権的性格を有する永久不可侵の

※1「居住・移転の自由」「法律によらないで逮捕・監禁・審問処罰を受けない権利」「裁判を受ける権利」「住所の不可侵」「信書の秘密の不可侵」「所有権の不可侵」「信教の自由」「言論・出版・集会・結社の自由」など。

日本国憲法
（基本的人権の性格と本質）
第11条
　国民は，すべての基本的人権の享有を妨げられない。この憲法が国民に保障する基本的人権は，侵すことのできない永久の権利として，現在及び将来の国民に与えられる。
第97条
　この憲法が日本国民に保障する基本的人権は，人類の多年にわたる自由獲得の努力の成果であって，これらの権利は，過去幾多の試錬に堪へ，現在及び将来の国民に対し，侵すことのできない永久の権利として信託されたものである。

基本権とした。

② 自由権の範囲を拡大（学問や良心の自由，拷問・苦役の禁止など）。

③ 社会権を新たに加え，20世紀的憲法にふさわしいものとなった。

④ 法の下の平等を徹底し，華族制度や男女の不平等を除去した。

⑤ 明治憲法の非常大権のような緊急事態における人権停止を認めず，逆に違憲立法審査制によって，人権保障とともに，憲法が守られることを確保するという憲法保障をはかった。

このように，日本国憲法では，人が生まれながらにもっている自然権の思想に立って，基本的人権を「侵すことのできない永久の権利」として，現在と将来の国民に保障しています。すなわち，基本的人権の「固有性」「不可侵性」（※2）「普遍性」が，憲法にとり入れられています。

2　日本国憲法の平等権

◎法の下の平等

前述のように，すべての人は個人の尊厳において平等であるが，平等権とは「権利の平等」を意味するのであり，すべての人間をあらゆる面で等しくすること（均一化すること）ではありません。権利の分配において不合理な差別を許さないとする人権の重要な一般原則です。

日本国憲法では，封建的身分制度である華族制度を廃止しました。また，長男重視・男尊女卑にもとづく家督相続・夫

※2 国家（法律）によっても奪われない，侵されないということ。

> **日本国憲法**
> （法の下の平等，男女の本質的平等）
> 第14条
> ①すべて国民は，法の下に平等であって，人種，信条，性別，社会的身分又は門地により，政治的，経済的又は社会的関係において差別されない。
> ②華族その他の貴族の制度は，これを認めない。
> （③項省略）
> 第24条①婚姻は，両性の合意のみに基いて成立し，夫婦が同等の権利を有する…
> （後略）。
> ②配偶者の選択，財産権 …中略…家族に関するその他の事項に関しては，法律は，個人の尊厳と両性の本質的平等に立脚して，制定されなければならない。

解説日本国憲法　51

権などの「家」制度も廃止されました。

> 法の下の平等＝法の内容においても，法の適用に際しても
> すべて平等に扱われねばならない。
>
> 両性の本質的平等…性差別の撤廃。

NOTE　天皇は，国の象徴という地位の特殊性から，憲法の「法の下の平等」
の例外。

◎現実社会の中での差別

　現代には，歴史的に形づくられた偏見にもとづく不当な差別が今日でも根強く残っています。

　江戸幕府の差別政策に由来する被差別部落問題（※１），戦前の植民地支配にもとづく在日韓国・朝鮮人問題などの外国人差別，アイヌ民族に対する差別，女性労働者の結婚退職や昇格・昇給差別などの性差別，セクハラ，障がい者差別などの問題があります。

　世界的にも，有色人種差別，民族紛争における民族差別，宗教紛争における差別が存在し，平等の原理の実現には，ほど遠い現状です。

※１「著しく基本的人権を侵害されている最も深刻にして重大な社会問題」とした同和対策審議会答申（1965年）以来，同和対策事業特別措置法などにより，差別解消の努力がなされてきた結果，偏見は解消される方向にあります。

用語　アイヌ文化振興法

1997年制定の「アイヌ文化の振興並びにアイヌの伝統等に関する知識の普及及び啓発に関する法律」のこと。これにより，明治時代に制定されて今日まで残っていた「北海道旧土人保護法」がようやく廃止されました。しかし，アイヌ民族の先住民としての権利にかかわる規定がなく，課題は残されています。

トピック　わが国の国際化と人権問題

国際化の進むわが国に，外国人が居住するようになり，在日外国人の人権保障が問題となっています。人権は，人種・国籍・身分・性別を問わず，人が享有すべき普遍性をもつから，在日外国人も日本人と差別なく人権を保障されなければなりません。とくに，定住し日本人と同じく租税を納める定住外国

人は，社会保障を含め内外人平等主義が実現されるべきであり，公務就任権（公務員の国籍条項の撤廃）の拡大や地方選挙での参政権も認める方向へ動きつつあります。

補説　不合理な差別の例　父母など目上の直系血族（尊属）を殺した子は，一般の殺人罪より重い無期懲役または死刑とするという刑法の尊属殺人重罰規定は，不合理であるとして最高裁で違憲判決が出され（1973年），無効となりました。また，非嫡出子の相続分が嫡出子の2分の1と定める民法の規定は合憲とされたが，法の下の平等に反するという意見もあり，夫婦別姓（※2）とともに民法改正の焦点となっています。一方，女性労働者を保護する労働基準法の規定は合理的な区別と考えられています（※3）。

●判例＜男女定年差別訴訟＞

定年を男性55歳，女性50歳と定めていた日産自動車に勤める女性が50歳になって退職させられたため，女性差別だとして訴えました。

判決→　1981年，最高裁は，男女定年差別は公序良俗に反する法律行為は無効とする民法第90条に当たり，不合理な差別であるとして無効の判決を下しました。

検証！

皆さんの身の回りにも，さまざまな差別や弊害が存在しているかもしれません。現時点で考えられる，感じている差別や類似する問題点を話し合ってみましょう。弱者や困っている人に，手を差し伸べられるような，考えや活動が解決には効果的かもしれません。

※2姓は人格権の一部であり，結婚による改姓は職業上の不利益もあるとして，おもに女性の側から提起されている間，選択的夫婦別姓の制度が論議されていますが，反対意見も強く，まだ法制化されていません。

※3男女雇用機会均等法などにより，女性差別は少なくなってきたが，女性労働者保護の規定も減ってきました

解説日本国憲法　53

4 自由権的基本権

1 日本国憲法の自由権

◆自由権（自由権的基本権）は，18世紀的権利といわれるように，最も古くから主張され，近代憲法の中心でありました。それは，精神の自由，人身の自由，経済の自由に大別されます。

◎精神の自由
①**思想・良心の自由**　人間の内面的な心の活動は，どんなものであっても，国家権力により制限や干渉されないということです。このような内心の自由は，心の中のことで，だれにも迷惑をかけるわけではないから，絶対的に無制約なのです。また，精神の自由は，人生観，世界観・社会観を築き，人類の幸福や文化の進歩を支える基盤となる自由でもあります。

●判例＜三菱樹脂事件＞
　民間企業が労働者を雇い入れるとき，面接などで思想・信条の調査を行い，特定の思想・信条の持ち主に対し，採用を拒否することが許されるかどうかが問題となりました。
判決→ 最高裁は，私企業は財産権の自由により，雇用する自由を有するので，思想・信条を理由に雇い入れを拒んでも違法ではない，私人間に憲法の規定は直接適用されないとし

日本国憲法
（精神の自由の諸規定）
第19条
思想および良心の自由は，これを侵してはならない。
第20条
①信教の自由は，何人に対してもこれを保障する。いかなる宗教団体も，国から特権を受け，又は政治上の権力を行使してはならない。
②何人も，宗教上の行為・祝典・儀式又は行事に参加することを強制されない。
③国及びその機関は，宗教教育その他いかなる宗教的活動もしてはならない。
第21条
①集会，結社及び言論，出版その他一切の表現の自由は，これを保障する。
②検閲は，これをしてはならない通信の秘密は，これを侵してはならない。
第23条
学問の自由は，これを保障する。

ました。

②**信教の自由**　西欧では悲惨な宗教戦争を経て信教の自由が人権の中核として確立してきました。戦前の日本では，帝国憲法の「信教の自由」が，「安寧秩序を妨げず，臣民たるの義務にそむかざる限り」認められたが，神道を国教的地位（※1）に置きました。

　日本国憲法では，どんな宗教を信仰しようと，あるいは無神論であろうと，絶対的に無制約とし，国家と宗教の明確な分離をはかりました。国家は特定宗教と関わるべきではないという国家の非宗教性の義務は，政教分離の原則といわれます。

※1 国家が神道と結びついてこれを優遇する一方で，キリスト教や仏教の一派を弾圧しました。

●判例＜津地鎮祭訴訟＞
　三重県津市が市立体育館の起工式を行った際に，神式にのっとった地鎮祭を公費で行ったため，憲法第20条，89条の政教分離の原則に反するとして訴訟がなされました。
判決→ 1977年，最高裁は，神式地鎮祭は宗教に関わりをもつ行事ではあるが，一般的慣習に従った世俗的，習俗的行事であり，宗教活動とはいえないとして，合憲としました。

●判例＜愛媛玉ぐし料訴訟＞
　愛媛県知事が靖國神社へ納める玉ぐし料を公費から支出したことは，政教分離を定めた憲法第20条に違反するとして，住民が訴訟をおこしました。
判決→ 1997年，最高裁は玉ぐし料の公費支出は，憲法第20条で禁止する宗教活動にあたり，また第89条で禁止する公金の支出にあたるとして，違憲判決を下し，県知事に弁済を命じました。

解説日本国憲法　55

③**表現の自由**　思想などの内心の自由（※2）も，外に発表して他人に公表できてこそ，批判など反応も受けられ，文化の発展に寄与できます。このために演説，出版などのほか絵画・映像・演劇などあらゆる発表手段や報道の自由が表現の自由として保障されます。したがって，出版物や放送などを発表禁止を目的として事前に審査する検閲は許されないし，郵便・電信・電話などの通信の秘密も，他者によって侵害されてはなりません（※3）。

●**判例＜チャタレー事件＞**
　D.H.ロレンスの『チャタレー夫人の恋人』の翻訳者と出版社社長がわいせつ罪に問われ，表現の自由との関係が問題となりました。
判決→ 最高裁は，性的秩序を守り，最小限度の性道徳を維持することは，公共の福祉の内容をなすので，わいせつ文書は表現の自由に含まれないとし，この書物はわいせつ性が高いとして有罪としました。

　ただし，内心の自由と異なり，表現の自由は社会的なものなので，無制限には保障されず，他人の名誉を故意に傷つけたり，プライバシーを無視することは許されません。
　しかし，戦前の日本のように，治安に害を及ぼす危険性といった，あいまいな基準で表現の自由を制限することは，結局表現の自由がないことになるので，「明白かつ現在の危険」（※4）の原則のような厳密な基準による制約しか認めるべきではないとされます。
④**集会・結社の自由**　同一の目的のもとに，多くの人が一時的に集合（集会）し，討論したり，講演会を開いたり，集

※2 また，他人の内心の自由の成果に接することで，刺激を受け，自己の内心も豊かな自己表現が可能になります。

※3 1909年の通信傍受法で，公的捜査機関が電話等の通信を傍受できることになったが，違憲の批判もあります。

※4 アメリカの判例で認められた原則で，表現のもたらす害悪が明白であり，かつ緊急の切迫した危険がある場合でなければ，制限することができないというもの。

団行動をする自由が集会の自由で，また，永続的に集団を結成することが結社の自由です。これらは，表現の自由と不可分の関係にあり，社会生活，とくに民主政治にとって欠くことができない自由です。

日本国憲法では，法律の留保なしにこれを保障しています（※5）。この自由にも限界はあるが，規制する要件があいまいであってはなりません。

●判例＜東京都公安条例事件＞

都公安条例が，集団示威行動（デモ行進など）を行う際に公安委員会の事前の許可を要件としている点は，表現の自由に対する違憲の規制ではないかと争われました。

判決→ 最高裁は，集団行動は群集心理にかられて暴徒となる危険性を秘めているので，公共の安寧を保持するため，公安委員会の裁量が認められるとしました。

⑤学問の自由　真理を探究する学問は，自由のなかでのみ可能です。学問の自由は，歴史的には「大学の自由」「大学の自治」として確立されてきましたが（※6），今日では，大学に限らず一切の学問研究の自由を保障し，研究成果の発表，教授の自由まで含まれます。

●判例＜ポポロ座事件＞

1952年，東大ポポロ劇団の催しに潜入していた警官が学生に発見され，もみあいとなったが，暴行を受けたとして学生が起訴されました。東大構内で私服警官が日ごろから内偵しており，大学の自治が問題とされました。

判決→ 一，二審では，学生は大学の自治を守る正当な行為を

※5 戦前においては，治安警察法や治安維持法によって集会 結社を弾圧し，全体主義的支配体制をつくりあげたのです。

※6 戦前の滝川事件（1933年）や天皇機関説事件（1935年）のように，国家権力が学問に干渉し，支配に都合のよい価値観をおしつけたりすると，学問の成果による文化の進歩も生活の向上も危機に瀕します。詩人ハイネの「本を焼く人は人を焼く」という予言が，ナチス＝ドイツで実証されたように。

解説日本国憲法　57

したにすぎないとして無罪。しかし最高裁は，学生の集会は学問的な研究や発表のためのものではないから，学問の自由と大学の自治を享有しないとしました。

精神の自由 ┤ 思想・良心の自由，信教の自由
　　　　　　　 集会・結社・表現の自由，学問の自由

※1 戦前の日本でも，予防検束といって，警察が公安，害する恐れがあると判断した人物は，長期間留置されました。

2　人身（身体）の自由

◆自分の身体を自分の意思に反して束縛されるということは，奴隷と等しい扱いを受けたことになり，最小限の自由さえ奪われることになりかねません。人身の自由は，人間の根源的自由といわれるが，どのような過程で確立し，現在，どのように保障されているのでしょう。

◎法の支配との関係
①**歴史的背景**　専制君主など国家権力は，政治的反対者を捕らえたり，処罰したりして，支配体制を保つために権力を濫用しました（※1）。そこで，マグナ＝カルタ以来，権力の行使を法で規制する「法の支配」が主張され，人身の自由が守られるようになりました。
　イギリスのコモン＝ローから生まれた次の原則は，フランス人権宣言やアメリカ合衆国憲法修正箇条にも取り入れられました。
1　無罪推定の原則　何人も有罪を宣言されるまで無罪と推定される。

日本国憲法
（刑事手続きでの人権保障）
第33条
何人も，現行犯として逮捕される場合を除いては，権限を有する司法官憲が発し，且つ理由となってゐる犯罪を明示する令状によらなければ，逮捕されない。
第34条
何人も，理由を直ちに告げられ，且つ，直ちに弁護人に依頼する権利を与へられなければ，抑留又は拘禁されない。又，何人も，正当な理由がなければ，拘禁されず，要求があれば，その理由は，直ちに本人及びその弁護人の出席する公開の法廷で示されなければならない。

2　疑わしきは被告人の利益に従う…疑わしきは罰せず（※2）。

②**日本国憲法の人身の自由**　上記のような原則は日本国憲法にも受け継がれ，奴隷的拘束および苦役からの自由と法定手続きが保障され，さらに戦前の反省から外国に例をみないほどくわしく刑事手続き上の人権保障が定められています。

③**奴隷的拘束，苦役からの自由**　奴隷のような人格を無視した拘束は，だれであろうと絶対に受けることはありません。また，自己の意思に反した行為は，犯罪による処罰（懲役）の場合を除いて，だれも服させられません。

④**法定手続きの保障**　憲法31条では，法律の定める手続きによらなければ刑罰を科せられないと定めています。これは「適法手続きの保障（デュープロセス）」を意味するとされ，刑事手続きの法定だけでなく，手続きの適正，さらには刑罰の内容・手続きの適正（罪刑法定主義）も含むと解されています。さらに適法手続きの保障は刑事手続きだけでなく行政手続きにも保障されています。

[用語]　罪刑法定主義
「法律なければ犯罪なし，法律なければ刑罰なし」といわれるように，個人の自由を保障するためには，ある行為を犯罪とし，かつそれにいかなる刑罰を科すかは，あらかじめ法律に規定されていなければならないという近代刑法の原則。

[補説]　遡及処罰の禁止
事後法の禁止ともいい，行為の時には法律で禁止されていなかった過去の行為は，行為後に制定した法律で遡って処罰することは許されないという原則。そうしないと私達は安心して行動できなくなります。予測できない不利益を受けないためです。

[補説]　一事不再理と再審
無罪が確定したのちに再審理して有罪としてはならない（一事不再理の原則）し，ある行為を有罪とした判決にて，新たに別な判決で別の罪にしてはならない（二重処罰の禁止）。これは個人の不利になるむしかえしを許さない趣旨

※2 1人の無罪の者を罰するよりも，10人の犯罪者を無罪とするカがよいとする考え方。

日本国憲法
（刑事手続きでの人権保障）
第35条
①何人も，その住居，書類及び所持品について，侵入，捜索及び押収を受けることのない権利は，第33条の場合を除いては，…中略…令状がなければ，侵されない。
②捜索又は押収は，権限を有する司法官憲が発する各別の令状により，これを行ふ。

解説日本国憲法　59

であるから，有罪の判決を受けた人の利益のために再審理をし，無罪や刑を軽くする判決を下す再審は認められます。

◎逮捕・拘禁・捜索等の要件

①令状主義　現行犯の場合を除いて，だれも理由を明示した裁判官の発する逮捕令状によらなければ逮捕されないことが保障されています。

　同様に，裁判官の発する厳格な捜索令状や押収令状によらなければ，家宅捜索や物件の押収を受けることはありません。

> **NOTE**　これは，「各人の住居は彼の城である。雨や風は入るが，国王は入ることができない」というイギリスの言葉のように，国王の権力による不当な捜索・押収に対する人民の抵抗から生まれたものです。

　また，警察官が職務質問をする際に，本人の同意なく所持品の検査をすることも禁止されています。

②抑留・拘禁の要件　抑留については，その理由を直ちに告げること，直ちに弁護人を依頼する権利が与えられなければならないことが規定されました。

　拘禁については，要求があれば公開の法廷でその理由を示す手続きがとられることになります。これを，拘禁理由開示の裁判といいます。

> **用語**　抑留，拘禁
>
> 刑事訴訟法では逮捕後，一時的に警察の留置場（※4）に留置する場合を抑留といい，警察で48時間，事件が検察官に送致されれば，さらに24時間の限度で取り調べを受けます。それ以上の継続的留置が拘禁に当たると解釈されています。拘禁は刑事訴訟法にいう勾留に相当し，裁判官が検察官による勾留請求を認めれば，10日の勾留，延長の請求でさらに10日の勾留となります。勾留の正当な理由は，本人の住居の不定，証拠隠滅や逃亡の疑いの三点に限られます。

※4 抑留・拘禁は本来，拘置所で行われるべきだが，日本では留置場を代用監獄として使用しており，警察の管理下に置かれ続けるので，国際的に批判されている。拘置所は刑務所と並ぶ監獄の一つで，法務省の施設。

日本国憲法
（拷問の禁止と自白の証拠能力）
第36条
公務員による拷問及び残虐な刑罰は，絶対にこれを禁ずる。
第38条
①何人も，自己に不利益な供述を強要されない。
②強制，拷問若しくは脅迫による自白又は不当に長く抑留若しくは拘禁された後の自白は，これを証拠とすることができない。
③何人も，自己に不利益な唯一の証拠が本人の自白である場合には，有罪とされ，又は刑罰を科せられない。

◎黙秘権と自白の証拠能力

　明治憲法下の日本では，拷問によって（※5）自白を強い，自白のみを証拠として有罪にすることがあった無実の人でも，拷問の苦しさに耐えかねて虚偽の自白をすることがあったから，これにより，犯人にしたてられることもありえたと思われます。

　そこで日本国憲法では，拷問は絶対に禁ずると明記しました。また，自己に不利益なことは話さなくてもよいという黙秘権を認め，また拷問や脅迫の場合はもちろん，不当に長い抑留，拘禁のあとの自白には証拠能力はないとしました。つまり，自発性・任意性をもたない強制下の自白は，真実と認められないとしたのです。したがって，自白だけで有罪とされることはないことが保障されました。

◎刑事被告人の人権保障

　留置，勾留されている被疑者は，検察官が公訴を提起しない場合は釈放され，拘束による補償を請求できるが，起訴されたら被告人として刑事裁判を受けることになります。刑事裁判は，公平，迅速，公開でなければならず，次のような原則によらなければなりません。

①**当事者主義**　被告人も訴訟の主体（当事者）として検察側の有罪の立証に対し，対等に防御できなくてはなりません。そして検察官と被告人とのあいだの弁論のやりとりが，公正中立な裁判官の前で展開され，検察官が有罪を立証できないときは，「疑わしきは被告人の利益にしたがう」のです。

②**刑事被告人の権利**　当事者主義の訴訟構造から，次の被告人の権利が保障されています。

　1　**黙秘権**　被告人の口から不利益な証拠をださせて，有罪

※5 明治憲法下でも，法的には拷問は禁じられていたが現実には被疑者の人格は無視されていた。

日本国憲法
（刑事被告人の人権保障）
第37条
①すべて刑事事件において被告人は，公平な裁判所の迅速な公開裁判を受ける権利を有する。
②刑事被告人は，すべての証人に対して審問する機会を充分に与へられ，又，公費で自己のために強制的手続により証人を求める権利を有する。
③刑事被告人は，いかなる場合にも資格を有する弁護人を依頼するとができる。被告人が自らこれを依頼することができないときは，国でこれを附する。

にするのは検察側との対等性に反します。被告人は黙秘権により対等な立場にたてます。

2　弁護人依頼権　法律専門家の弁護人をたてることによって，国家の捜査権に対抗する防御権の行使が可能となります。被告人が経済的事情などで弁護人を依頼することができない場合は，国の費用で国選弁護人をつけることになっています。

3　証人審問権　被告人に，すべての証人に対する反対尋問権と，公費で自己のために証人を強制的に出廷させる権利（証人喚問権）を保障しました。

人身の自由 =

　不当に身柄を拘束されない自由…奴隷的拘束，

苦役からの自由 =

　刑事手続き上の人権保障…罪刑法定主義・令状主義・黙秘権など。

補説　犯罪被害者の人権保障　2000年に犯罪被害者保護法，2004年に被害者の権利保障のための基本施策を定めた犯罪被害者基本法が制定されました。

3　経済の自由

◆近代市民革命をひき起こす原因として最大の争点となったのは，国王の課税権をはじめとする市民の財産権の侵害でした。財産権を神聖不可侵の権利として保障することで，資本主義の発展は法的に支えられてきました。しかし，資本主義の矛盾が大きくなって福祉国家・社会国家の要請から社会権が保障されるようになり，財産権も制限を受けるようになりました。

◎居住・移転・職業選択の自由

封建時代の身分制は，土地にしばりつけられた封鎖的社会をともなっていました。自由活発な経済活動を必要とする資本主義経済への移行にともない，封建的制約の打破は必然でした。

日本国憲法でも，どこに住み，どこに移転しようと，どんな職業（※1）につこうと自由である（私的自治の原則）としています。しかし同時に，公共の福祉による制限が明記され，強調されています。また，外国に移住したり，国籍を離脱する（※2）ことも自由であり，国の法律で制限できません。

●判例＜薬局開設の距離制限訴訟＞

薬局薬店の新店開設は既設店から一定の距離外とした薬事法第6条やそれにともなう各都道府県の条例は，「営業の自由」を保障した憲法第22条に違反しないか，が争点となりました。

判例→ 最高裁は，新店開設の距離制限を，不良医薬品の供給の防止など公共の利益の目的のために必要かつ合理的な規制とは認めず，違憲であるとしました。

◎財産権の保障

①財産権の不可侵 個人の財産権は，他のだれからも侵されないというもので，この私有財産の所有権の保障は，市民革命後の近代憲法において，ブルジョアジーが最も強く要求した自由権でした。財産権の不可侵を保障することは，一般に資本主義経済体制をとることを意味します。

※1 営業の自由も職業選択の自由に含まれます。

※2 明治憲法下では「17歳以上の男子は兵役義務がなくなるまでは国籍を離脱できない」ときめていました。

日本国憲法
（経済的自由に関する規定）
第22条
①何人も，公共の福祉に反しない限り，居住・移転及び職業選択の自由を有する。
②何人も，外国に移住し，又は国籍を離脱する自由を侵されない。
第29条
①財産権は，これを侵してはならない。
②財産権の内容は，公共の福祉に適合するやうに，法律でこれを定める。
③私有財産は，正当な補償の下に，これを公共のために用ひることができる。

解説日本国憲法　63

②**財産権の制限**　20世紀になると，大企業の財産権の自由が買い占めやカルテルを生み国民生活をおびやかしたので，公共の福祉や社会権を優先させ，所有権の絶対から制限へと転換した。日本国憲法でも，財産権の不可侵を規定しつつ，福祉国家・社会国家としての政策や社会の要求で財産権の自由を制限できる（※3）と明記し，また，正当な補償をすれば，公共のために用いることができると規定しました（※4）。

※3 ただし，共有林の分割を制限した森林法の規定は，財産（処分）権の侵害であるとして違憲とされました（1987年最高裁判決）。

※4 土地収用法による私有地の収用・使用や独占禁止法にもとづく公正取引委員会の規制，などが具体例。

5　社会権と人権の確保

1　社会権

◆大日本帝国憲法には規定がなく，日本国憲法において規定されたのが社会権（生存権）的基本権であり，自由権を補うための 20 世紀的人権として福祉国家，社会国家の実現に不可欠な人権です。「人間に値する生活」（ワイマール憲法）が，わが国ではどのように保障されているのでしょう。

◎生存権

　生存権とは，憲法第 25 条にいう「健康で文化的な最低限度の生活を営む権利」です（※ 1）。この実現をはかるのが社会保障制度であり，国は，すべての国民の生存権を保障するために必要な政策を行う政治的・道義的責任を負っています。しかし，これはプログラム規定といわれ，個人が国に対して，直接に最低限度の生活を保障するよう請求することまではできないと一般に解釈されています。

※ 1 これは狭義の生存権で，広義には生存権的基本権（社会権）一般をさします。

日本国憲法
（国民の生存権と国の社会保障義務）
第 25 条
①すべて国民は，健康で文化的な最低限度の生活を営む権利を有する。
②国は，すべての生活部面について，社会福祉，社会保障及び公衆衛生の向上及び増進に努めなければならない。

補説　プログラム規定　最高裁見解にみられるように，生存権や勤労権は裁判上救済を受けることができる具体的請求権ではなく，単に国家に政治的・道徳的な義務を負わせた宣言的規定とします。

●判例＜朝日訴訟＞

　結核で入院中の朝日茂さんが，生活保護法にもとづいて厚生大臣（当時）が定める保護基準は憲法第 25 条で定める最低限度の生活を維持できる水準に達していないと 1957 年に

解説日本国憲法　65

訴えた事件。

補説 堀木訴訟　全盲で母子家庭の堀木さんが障害福祉年金と児童扶養手当の併給を禁止した児童扶養手当法（改正前）を憲法25条などに違反すると訴えた訴訟で，最高裁は「立法府の裁量に委ねられている」として合憲としました。

◎教育を受ける権利
①文化的生存権
人間が健康で文化的な生活を営むためには教育が欠かせません。狼少女の例にみられるように，教育を欠いたら人間になりそこねてしまい，生存権も空洞化する。この点で教育を受ける権利が文化的生存権といわれるのです。
②教育の機会均等
国は，すべての国民が能力（※2）に応じて等しく教育を受けることができるようにする義務があります。能力以外の差別（※3）は許されず，貧困のものには奨学金制度などの方策を拡充しなければなりません。とくに，児童の学習権を保障するために，親は子に普通教育を受けさせる義務を負い，国は公立学校で無償の義務教育を保障しなければなりません（※4）。

◎労働基本権
生存権を裏づけるために，国民の勤労の権利や労働者の労働三権などの労働基本権が保障されています。
①勤労権
労働権ともいいます。国家に対して，国民に労働の機会を保障する政府的義務を課するのであるが，資本主義社会では私的自治の原則なので，プログラム規定とされます。すなわち，国家はできるだけ勤労の機会を得られるように積極的施策を講ずるべきでありできないときは，相当の生

日本国憲法
（教育に関する国民の権利・義務）
第26条
①すべて国民は，法律の定めるところにより，その能力に応じて，ひとしく教育を受ける権利を有する。
②すべて国民は，法律の定めるところにより，その保護する子女に普通教育を受けさせる義務を負ふ。義務教育は，これを無償とする。

※2 能力に応じた発達の保障（障害児を含むすべての子の発達保障）をすること。
※3 公開競争試験による入学者の選定は能力にもとづく差別。
※4 教育基本法では，授業料の無償をさだめ，教科書無償給付は実現したが，国際人権規約では高校・大学の教育の無償化をさだめています。
※5 職業安定法・雇用保険法など。

活費を保障するなどの責務を負います（※5）。

②**勤労条件の基準**　私的所有と契約自由の原則のもとで労使が結ぶ雇用契約は，どうしても経済的弱者である労働者に不利になるので，国は人たるに値する生活を保障する最低基準を法律（※6）で定め，劣悪な労働条件を禁ずるのはもちろん，さらに向上をはかるべきとされています。また，児童の酷使の禁止が明文化されました（※7）。

③**労働三権**　憲法第28条では，勤労者を対象として，その保護を規定しています。これは，私的自治の原則を修正し，使用者の財産権（経営）の自由に制限を加えることで，労使の関係を実質的に対等にし，実質的な契約自由の原則の回復をはかるものといえます。

　1団結権　労働組合をつくる権利。「結社の自由」とは異なり，組合への加入強制（組織強制）が認められます。労働条件の向上を獲得するためには，労働者個人の自由を拘束しても，全体の労働者のより大きい自由と利益を優先しようという考えからです。労働組合と使用者との関係は，労働組合法に定められています。

　2団体交渉権　労働者が団結して，使用者と労働条件などについて交渉し，労働協約を締結したりすることのできる権利。

　3団体行動権　労働者が，その要求をつらぬくためにストライキなどの争議行為をすることのできる権利（争議権）。労働関係調整法に具体化されているが，正当性の限界や，公務員・国営企業職員に争議権がない（※8）点などをめぐり，論争があります。

※6労働基準法，最低賃金法など。

※7児童福祉法では満18歳未満を児童とし，労働基準法では満15歳未満の児童を労働者として使用することを禁止しています。

※8「全体の奉仕者」「公共の福祉」の見地から禁止されています。

日本国憲法
（国民と公務員，選挙および請願権）
第15条
①公務員を選定し，及びこれを罷免することは，国民固有の権利である。
②すべて公務員は，全体の奉仕者であって一部の奉仕者ではない。
③公務員の選挙については，成年者による普通選挙を保障する。
④すべて選挙における投票の秘密は，これを侵してはならない。選挙人は，その選択に関し公的にも私的にも責任を問はれない。
第16条
何人も，損害の救済，公務員の罷免，法律，命令又は規則の制定，廃止又は改正その他の事項に関し，平穏に請願する権利を有し，何人も，かかる請願をしたためにいかなる差別待遇も受けない。

解説日本国憲法　67

```
          ┌ 生存権…健康で文化的な最低限度の生活を営む
          │        権利←生存権の裏付け
  社会権 ─┤              ⬆
          │ 教育を受ける権利…文化的生存権，労働基本権
          └ …勤労権・労働三権
```

2　人権を実現するための権利

◆「権力は腐敗する。絶対的権力は絶対的に腐敗する」というのが歴史的事実とされています。そこで，人民が権力をもつ支配者を選ぶとともに，やめさせる権利を平和的に行使できることが絶対に必要です。また，国民として国に請求できる権利も確立されなければなりません。これら「国家への自由」は，人権を守り確保していくために欠くことのできない権利です。

◎参政権
①公務員の選定・罷免権　国民主権の原則から，公務員の選定や罷免は，国民固有の権利であるとされます。ただし，これは，国民が直接に個々の公務員を任免するということではなく，最終的に主権者である国民の信任に依存しているという原則です。

　日本国憲法上，国民が直接に任免できるのは，次の場合だけです。
1　国会議員の選挙
2　最高裁判所裁判官の国民審査
3　地方公共団体の長や議員の選挙

②直接民主制の規定　最高裁判所裁判官の国民審査と，憲法改正の国民投票，特別法の住民投票など。

③請願権　いっさいの公務に関して，公の機関に希望を表明する権利。選挙以外の方法による民意の反映の手段（※1）として，大きな意味をもちます。

◎請求権

　請求権は，「基本権を実現するための人権」といわれ，個人から国家に対して積極的にはたらきかけ，あるいは基本権が侵害されたときに，その補償や救済を請求することのできる権利です。

①裁判を受ける権利　法律上の争いに関しては，だれでも裁判所の裁判で決着をつけられることが保障されている。これは，力のあるものの専断や不法を排し，正義を実現させるためには，司法的保護が欠かせないからです。

②賠償および補償請求権　公務員の不法行為によって損害を受けたときは，だれでも，国や公共団体に損害賠償を請求できます（※2）。国家賠償法では，公権力の行使にあたる公務員の不法行為について，国や公共団体の賠償責任を定めています。

　また，犯罪の嫌疑を受けて身体を拘束されたのちに無罪の判決を受けた人は，単に無罪放免だけでは衡平を失する。刑事補償法では国の負担において金銭で補償すべきことを定めています。

NOTE　刑事補償法では，検察官や裁判官が無実の人を故意または過失によって違法に苦しめた場合は，憲法第40条による刑事補償とは別に，第17条による賠償も国に請求できると定めています。

※1　表現の自由に基づく集会・デモ・ビラ配布などインフォーマル（非制度的）な政治参加も重要である。なお，請願権は，請求権に分類されることもあります。

※2　賠償は不法行為による損害に対してのみ請求できるが，補償は合法的行為や天災による損害でも請求できます。

日本国憲法
（損害賠償請求権，裁判を受ける権利）

第17条
何人も，公務員の不法行為により，損害を受けたときは，法律の定めるところにより，国又は公共団体に，その賠償を求めることができる。

第32条
何人も，裁判所において裁判を受ける権利を奪はれない。

第40条
何人も，抑留又は拘禁された後無罪の裁判を受けたときは，法律の定めるところにより，国にその補償を求めることができる。

解説日本国憲法　69

3　基本的人権と公共の福祉

◆憲法に人権の文言・項目を載せただけでは，人権は保障されません。また，人権を口実にした権利の濫用も防ぐ必要があります。日本国憲法は，人権を制約する原理に「公共の福祉」を掲げているが，戦前の日本における滅私奉公や国益優先という大義名分と，どう違うのでしょうか。

◎基本的人権の保持責任

　基本的人権は，「人類の多年にわたる自由獲得の努力の成果」として「過去幾多の試練に堪え」てきた遺産として，国民は「不断の努力によって，これを保持しなければならない」（第12条）と規定されています。これは，過去の遺産のうえに眠るようでは，人権は失われてしまうので，国家権力による侵害のないよう，絶えず監視し，自分や他人の人権の無視や抑圧に対しては，つねに積極的に抵抗する精神によって，人権は実現され，維持されると説いています。

◎公共の福祉

　日本国憲法第12条で「国民は自由と権利を濫用しないで，つねに公共の福祉のために利用する責任がある」とし，第13条でも，「国民の権利は，公共の福祉に反しない限り尊重される」と定められています。そのため，公共の福祉と基本的人権尊重との関係が問題とされてきたが，日本国憲法の精神から，次のように考えられます。

1　日本国憲法では，個人よりも全体に価値を見出す，全体主義的な公共の福祉は認められません。

日本国憲法
（基本的人権と公共の福祉）
第12条
この憲法が国民に保障する自由及び権利は，国民の不断の努力によって，これを保持しなければならない。又，国民は，これを濫用してはならないのであって，常に公共の福祉のためにこれを利用する責任を負ふ。
第13条
すべて国民は，個人として尊重される。生命，自由及び幸福追求に対する国民の権利については，公共の福祉に反しない限り，立法その他の国政の上で，最大の尊重を必要とする。

2　一般的に公共の福祉を人権の上位において，ただ公共の
　　福祉に基づくといっただけで人権を制限する根拠とする
　　のは不十分です。

①**人権の調整原理として**　憲法第12条，第13条にいう公
共の福祉とは，人権相互のあいだの衝突を調整する原理と考
えられます。自由と権利の尊重は自分だけでなく，他人の自
由権利の尊重をも含んでいます。だから，他人の自由と権利
を侵害する「自由」というものはもともとありえません。こ
のように基本的人権に本来内在している。定の原理的な制約
と限界を，「公共の福祉」という語で表現したと考え，人権
相互の調整をはかり，自由を各人に保障するための内在的制
約とみます。

②**経済的自由の制約根拠として**　「公共の福祉」は，居住・
移転・職業選択の自由（第22条）および財産権の保障（第
29条）の条文だけに制約原理として使われ，これ以外の具
体的な権利の保障のところでは使われていません。第22条，
29条が経済的自由権を具体化した条文であることから，こ
れは，社会権（生存権的基本権）を保障するために必要な経
済的自由権の制限であり，社会国家的な公共の福祉と考え
て，国家による積極的な政策的制約とみます。

③**今後の方向**　公共の福祉というのは，あいまいな概念か
もしれません。正当な自由と人権を，抑圧する公益優先主義
がはびこらないように，公共の福祉という概念の濫用はやめ
るべきです。

　　▼国民の三大義務
　　◎保護する子女に普通教育を受けさせる義務
　　◎勤労の義務
　　◎納税の義務

解説日本国憲法　71

NOTE 日本国憲法では，国民の権利を保障するとともに，国民の義務も規定している。

> 基本的人権に関する国民の義務
> 不断の努力によって保持すること…人権抑圧に対する抵抗
> 公共の福祉のために利用すること…権利の濫用の禁止

4 現代社会と新しい人権

◆わたしたちの権利は，憲法に記されたものに限定されるわけではなく，経済・社会の進展につれ，憲法で個別に明記された人権には該当しない新しい人権が登場します。新しい権利も，「生命，自由，幸福追求に対する国民の権利」などに根拠を求められ，しだいに定着しています。

◎プライバシーの権利

企業や国家が情報を集中管理する情報社会に至り，個人の「私生活の自由」が脅かされる状況が生じました。プライバシーの権利とは，国家権力や他人によって私事・私生活を公開されない権利（※1）です。憲法上の根拠は，第13条の「個人の尊重」原則と「幸福追求に対する国民の権利」とされました。

※1 最高裁判決でも，肖像権や犯罪歴の非公開，指紋押捺の非強制などを認め，実質的にプライバシーを擁護しました。

NOTE 個人に関する情報が，コンピュータにより行政機関や企業に収集・管理されている今日の情報社会において，プラバシーの権利を「自己に関する情報をコントロールする権利」として，自己情報の閲覧や誤りの訂正ができると主張するようになった個人情報はプライバシーと重なるので個人情報保護法や条例による制度的な保護も行われています。

●判例＜「宴のあと」事件＞

　三島由紀夫の小説「宴のあと」のモデルとされた元外務大臣夫妻が，プライバシー侵害として訴えました。

判決→ 東京地裁は，1967年，プライバシーの権利を「私生活をみだりに公開されない権利」と定義してこれを初めて裁判で承認しました。

●判例＜大阪空港公害訴訟＞

　航空機騒音や排気ガスに悩まされた大阪空港周辺の住民が，環境権にもとづいて，夜間飛行の禁止と損害賠償を求めて訴えました。

判決→ 大阪高裁は「個人の生命・身体・精神および生活に関する利益の総体を人格権ということができる。このような人格権をみだりに侵害する行為は排除できる」として環境権ではなく人格権を認め，原告住民側に全面勝訴の判決を下しました。しかし，国はこれを不服として上告した結果，最高大阪高裁は，裁は飛行差し止めは認めず，賠償は認めました。

◎環境権

　工業化の進展の結果，生活環境が汚染され，人の生命や健康に害がおよぶ事態が生じました。良好な環境のもとで生きることは，人間の生存の基本条件であるから，憲法の生存権（25条），幸福追求権（13条）を根拠として環境権が主張されてきました（※2）。そして地域開発などによる環境破壊を防止するために環境アセスメント（環境影響評価）条例を地方自治体が定め，国でも1997年に環境アセスメント法を定めました。今日環境保護は地球規模で取り組む課題になっています。

※2 判例では，人格権に基づく保障の形をとり，環境権そのものは認められていません。

解説日本国憲法　73

◎知る権利

　従来，表現の自由は，表現の「送り手」の自由が強調され
ていたが，最近では「受け手」の側の，必要な情報を自由に
知ることができるという「知る権利」も含むことが強調され
るようになりました。国民の国政参加も正しい情報が入手で
きなければ形骸化してしまいます。そこで，積極的に情報の
提供または開示を求める権利が必要となり，その結果，官庁
の情報に対する国民やマス＝メディアの公開要求権，官庁
の情報提供義務を定める情報公開法が制定されました（※
3）。

　さらに，アクセス権（接近する権利（※4））も主張され
ています。これは，マス＝メディアを通じて，市民が公の
争点についての意見を表明する機会を保障すること。反論や
意見広告の要求という形で現れます。

※3 日本では1999年
5月に，行政機関の保
有する情報の公開に関
する法律（情報公開法）
が成立しました。

※4 独占化しつつある
マス＝メディアに対
して，市民の表現の自
由と機会を保障するこ
と。

NOTE 　医療技術の発達に伴い，尊厳死や治療をめぐるインフォームド コ
ンセントなど自己決定権が唱えられています。

検証！

　時代の流れとともに，新しい人権や，新たな主張が生まれつつあります。
ご自分の考える，これから考えられる新しい人権や，自分であれば制定した
い人権や主張を考えてみましょう。

6　平和主義

1　戦争の放棄

◆日本国憲法にあらわされている平和主義の理念は，第二次世界大戦のもたらした悲惨さに対する世界中の反省とともに，唯一の被爆国であるわが国の経験から生まれたものです。日本国憲法が，世界中で最も徹底した平和憲法といわれるのはなぜか，考えてみましょう。

◎平和主義の系譜

①**平和憲法の制定**　戦争放棄を最初に規定したのは，フランス革命期の 1791 年憲法で，「フランス国民は，征服の目的をもっていかなる戦争を行うことも放棄し，いかなる国民の自由に対しても，決してその武力を行使しない」と定めました。その後，ブラジル・スペイン・フィリピン・オランダなどの憲法でも，侵略戦争を放棄しました。

②**国際法での平和主義**　1907 年のハーグ平和会議，1919 年の国際連盟規約，1925 年のロカルノ条約，1928 年の不戦条約のように，軍備縮小，戦争の違法化，平和的解決への努力が重ねられたが，効果は不十分で，結局，第二次世界大戦の勃発で不成功に終わりました。

　そこで 1945 年に国際連合が成立し，「すべての加盟国は，国際紛争を平和的手段によって，国際の平和・安全や正義を危くしないように解決しなければならない」と義務づけました（※1）。

※1 フランス第 4 共和国憲法（1946 年）のほかイタリア（1947 年），韓国（1948 年）・西ドイツ（1949 年）も侵略戦争を放棄。オーストリアは永世中立を宣言（1955 年）。韓国とフランスはその後の改正で戦争放棄の規定を廃棄しました。

解説日本国憲法　75

◎日本の平和主義の特徴

　日本国憲法の平和主義は，前文および第2章「戦争の放棄」第9条に規定されています。

①前文の平和規定　前文では，「政府の行為によって戦争の惨禍」にあった反省にたち，すべての人が平和のうちに生存する権利—平和的生存権—を持つことを確認し，そして日本国民の「安全と生存の保持」は，「平和を愛する諸国民の公正と信義に信頼」するとしています。平和的生存権は最も基本的な人権の一つと考えられています。

②第9条の規定　前文でうたった平和主義をつらぬくための具体的な方法が規定され，世界にも例のない平和憲法となっています。

> 憲法第9条　国際紛争を解決する手段としては，戦争や，武力による威嚇，武力の行使を否定＝侵略戦争の放棄
> 戦力の不保持，交戦権の否認一切の戦争の放棄

2　自衛隊と日米安全保障条約

◆今日，わが国には自衛隊があり，PKOへの参加，海外でのアメリカ軍などへの後方支援が行われており，第9条のもとでの自衛隊と日米安保体制下での防衛のあり方などが，憲法改正の焦点として論議されています。

◎第9条と自衛隊をめぐる論議

①自衛隊と第9条の政府解釈　政府の解釈は，自衛隊（※1）の既成事実化に合わせ，これを説明するためにしだいに拡大されてきました。

日本国憲法
（前文）
（平和主義に関する部分）

　日本国民は，……諸国民との協和による成果と，わが国全土にわたって自由のもたらす恵沢を確保し，政府の行為によって再び戦争の惨禍が起ることのないやうにすることを決意し，………………。

　日本国民は，恒久の平和を念願し，人間相互の関係を支配する崇高な理想を深く自覚するのであって，平和を愛する諸国民の公正と信義に信頼して，われらの安全と生存を保持しようと決意した。

　われらは，平和を維持し，専制と隷従，圧迫と偏狭を地上から永遠に除去しようと努めている国際社会において，名誉ある地位を占めたいと思ふ。われらは，全世界の国民が，ひとしく恐怖と欠乏から免かれ，平和のうちに生存する権利を有することを確認する。

検証！

　現行の第9条に対する考えを踏まえて，自衛隊の国連や国際協力の中で，各種改正していく考えや，改正せず自衛隊そのものの存在や解釈を考えてみるなど，多角的な考察をしてみましょう。

補説　第9条の政府解釈の変化

①憲法改正案を審議した帝国議会での政府答弁（1946年）→「いっさいの戦力と国の交戦権が否認される結果，自衛戦争をも放棄する」
②朝鮮戦争勃発（1950年）後，マッカーサーの指令で警察予備隊が創設された際の解釈→「外敵に対する防衛ではなく，国内の治安維持を目的とするから，警察予備隊は違憲ではない」
③サンフランシスコ講和条約・日米安全保障条約が発効した1952年，警察予備隊が保安隊へと成長したときの政府見解→「憲法は，侵略の目的たると自衛の目的たるとを問わず戦力の保持を禁止しているが，近代戦を有効に遂行しえない実力（保安隊）は戦力ではない」
④1954年，MSA協定（※2）を結び，自衛隊が発足したときの鳩山首相の見解→「自衛のために必要な最小限度の防衛力ならば，違法ではない」
⑤1957年の岸首相の見解→「自衛のために必要な最小限度の自衛力は合憲であり，名前が核兵器とつけばすぐ違憲だとすることは正しい解釈ではない」とし，核兵器も必要最小限度のうちにはいるとしました。

Q　憲法第9条の政府解釈が，憲法制定のころと今日とで大きく変わったのは，なぜですか。
A　日本国憲法は，敗戦後の日本の民主化，非軍事化の集大成であり，制定当初は，日本から軍事色を排除することが占領政策の目的の一つでした。しかし，米ソの冷戦が始まると，アメリカの対日占領政策は逆コースといわれるように変更されました。占領終了後，日本政府はこの右傾化を引きつぎとくに鳩山内閣は9条改正に積極的でした。しかし，これに対する民間・野党の反発があり，改憲に必要な議席数が得られないため，政府・自民党のもとで解釈改憲とよばれる改憲の方法がとられました。すなわち，9条も自衛隊と矛盾しないような解釈論で対処されるようになったからです。に急いだのです。

②**政府批判**　平和主義の空洞化に対し，さまざまな批判があります。

1　憲法は自衛権そのものをも否定しているとする説。

※1 1950年に警察予備隊が創設され，1952年に保安隊と改称されました。
　さらに1954年には防衛庁が設置されて自衛隊となった。自衛隊は創設以来，防衛整備計画により増強されています。

※2正式には「日本国とアメリカ合衆国との間の相互防衛援助協定」で，米国からの軍事援助，経済援助の見返りに，日本にも防衛力増強を義務づけました。

解説日本国憲法　77

2 9条1項で侵略戦争を，2項で自衛戦争も放棄しています。自衛権は国際法上の国家固有の権利として日本も持つが，軍事力による自衛は否定され，自衛隊の実力は戦力（※3）にあたり，違憲とする説。

3 自衛のための最小限度の実力は憲法で禁じる戦力ではない（政府解釈）としても，自衛力と戦力の区別がつきにくく，既成事実が承認されて防衛力増強に歯止めがきかなくなるという考え方。

◎日米安保体制

東西冷戦の下，1951年に，共産圏を仮想敵国とする日米安全保障条約が結ばれ，日本は，アメリカの極東戦略に組み込まれました。

① 1960年の改定 当初の安保条約は，占領軍を駐留軍として存続させる面が強く，1960年に改定されました。おもな特徴は，次の通り。

1 日本の防衛力の増強が義務づけられました。

2 在日アメリカ軍の駐留目的が，日本国の安全に寄与することと，極東の平和・安全に寄与することの二つとされました。

3 日本の領域内への，いずれか一方に対する武力攻撃に対し，両国は共同防衛の義務を負うことになりました（※4）。

4 在日米軍の配置や装備の重要な変更，戦闘行動のための基地の使用などについて，日米両国で事前協議をすることになりました。

②日米安保条約の変質 日米安保条約は，日本の領域をアメリカ軍の支援で防衛するかわりに，アメリカの極東戦略の

※3日本政府は，自衛力（防衛力）や警察力は戦力にあたらないとしています。しかし，世界各国とも，警察力を越える実力（武力はすべて戦力としており，日本政府は戦力の解釈を変えて，実質的に憲法を改めている（解釈改憲）との批判があります。

※4極東における紛争でアメリカの敵対国が在日軍基地を攻撃してきた場合，共同防衛義務により，自衛隊も出動せざるをえなくなるという巻き込まれ論によって安保条約に反対する主張もあります。

軍事拠点として，基地とその維持費を提供するという取り引きです。しかし，日米安保体制は，しだいに，日本の領域外に自衛隊が派遣される方向へと拡大しています。

補説 日米防衛協力のための指針（新ガイドライン） 1978年に定めた日米防衛協力は，冷戦終結後に見直しを迫られ（※5），96年の「日米安全保障共同宣言」に基づき，97年に新ガイドラインを決定し，99年にはその関連法（周辺事態法など）を制定しました。これは，日本の周辺有事で日本が米軍を全面的に後方支援するものです。それまでの日本領域防衛から域外の周辺有事への自衛隊の出動を引き受け，各自治体・民間の協力も当然視されている点で，日米安保条約の実質的改定といえます。

3　平和主義と防衛問題

◆憲法の平和主義（戦争放棄）と自衛隊・日米安保条約との間の矛盾は，日本の軍事力の増強や，アメリカ軍との作戦分担の拡大などにつれて，ますます拡大してきています。

◎対立する防衛問題
①**対立する判決**　平和主義や自衛隊に関する裁判所の判決には，対立がみられます。自衛隊については地裁で違憲判決がでたが，最高裁での明確な判断は示されていない。駐留アメリカ軍については，地裁で違憲判決がでたが，最高裁は合憲の判決を出しています。

補説 ①砂川事件（※1）の判決 1959年，第一審判決で，伊達裁判長は日米安保条約に基づくアメリカ軍の駐留を戦力の保持にあたるとして違憲判決を下しました。しかし，同年の最高裁判決では，明白に違憲ではない高度な政治問題については違憲審査をすべきではないとして，司法審査の限界をみずから認める統治行為論（※2）の考えをとりました。また，駐留米軍は外国の軍隊で，9条の戦力に該当しないので，合憲としました。

※5冷戦終結後の新しい国際情勢の中で，アメリカは，日本の国際貢献を地球規模に拡大して責任分担を果たすように求めています（グローバル＝パートナーシップ）。2001年のアメリカ同時多発テロへの対応として，テロ対策特別措置法を制定，自衛隊を海外に派遣し2003年のイラク戦争ではイラク復興支援特別措置法を定め，自衛隊をイラク（非戦闘地域）へ派遣しました。

※1東京都立川市の米軍基地の拡張問題をめぐって，1955-56年に地元農民と国との間で衝突がおきた事件。
※2高度の政治問題は司法審査になじまないとする考え方。

解説日本国憲法　79

②長沼ナイキ基地訴訟（※3）　1973年，第一審判決で福島裁判長は自衛隊を戦力に該当するとして，はじめて自衛隊違憲の判決を下した。二審の高裁では統治行為論に立って一審判決を取り消し，自衛隊の設置，運営などは司法審査の範囲外であるとした。最高裁では，訴えの利益なしとして却下して憲法判断にふみこみませんでした。

②**政党や世論の動向**　ほとんどの政党は自衛隊をほぼ認めるようになりました。世論の多数は現状の自衛隊を肯定しつつ9条も擁護しています。

◎防衛政策
①今日の防衛政策の原則

1　専守防衛　空母や長距離爆撃機など，侵略可能な兵器は不可。

2　非核三原則　核兵器はつくらず，持たず，持ちこませず。

3　文民統制（シビリアン＝コントロール）文民が自衛隊を統率する。

4　徴兵制は，憲法の戦力不保持，苦役の禁止によって，できない。

5　海外派兵は，憲法の戦争放棄，武力不行使によって，できない。

用語　**文民統制**

　自衛隊の指揮・統制権は軍（軍人）ではなくて，文民がもつという原則。文民だけで組織する合議体が国防の基本方針や防衛計画など国防に関する重要事項を決定するしくみ。内閣に直属する安全保障会議は，内閣総理大臣をはじめ数人の大臣で構成され，国防を協議する。日常の統括は文民の防衛大臣が行います。

②**新たな問題**　近年，集団的自衛権（※4）を認める主張も出るなど，国連平和維活動等協力法（※5）や周辺事態法，

※3北海道の長沼町に設置される予定の航空自衛隊ナイキ基地に反対して，地元住民が国を相手どり，長沼町の国有林の保安林解除処分の取り消しを要求しておこした訴訟。

※4自国と同盟関係にある国が他国から攻撃されたとき，自国は攻撃されていなくても，同盟国のために反撃する権利（集団的自衛権）。これまで政府は憲法によって集団的自衛権は行使できないとの原則を示してきました。
※5PKO協力法とも表記します。

武力攻撃事態法（※6）（2003年）など有事法制の整備過程
で新たな論争がおこりました。

※6正確には「武力攻
撃事態等におけるわが
国の平和と独立ならび
に国および国民の安全
確保に関する法律」。

7 国会のしくみと機能

1 日本の政治機構と権力分立

◆近代市民革命によって生みだされた近代国家は，人権保障のために権力分立の政治機構をとるものとされ，近代憲法に明記されるようになりました。これから国の政治のしくみを学ぶが，まず，日本国憲法では権力分立制についてどのように規定しているか，概観してみましょう。

◎三権分立の原則

①**憲法上の規定**　日本国憲法では，次のような規定によって三権分立制を政治機構の根本としています。

> ①「国会は，国権の最高機関，国の唯一の立法機関である」
> 　（第 41 条）。
> ②「行政権は内閣に属する」（第 65 条）。
> ③「すべて司法権は，最高裁判所および下級裁判所に属する」
> 　（第 76 条）。

　これらの規定から，明治憲法と比べて，本格的な権力分立制をとったことがわかります。というのは，明治憲法でも 一応権力分立の形態はとられたが，天皇が統治権を総攬し，主権者天皇に権力が集中する体制を大前提としていたからです。

②**日本の三権分立制の特色**

1　三権の相互関係

　完全に対等というものではなく，国会を国権の最高機関と

しています。これは，国民主権のもとで，国民から直接に選ばれた機関は国会だけだからです。

2　立法部（国会）と行政部（内閣）との関係

　イギリス型の議院内閣制をとり，立法部優越を認めています。

3　司法部（裁判所）と立法部・行政部との関係

　司法部の違憲立法審査権によって，アメリカ型の司法部の優越を認めています。

◎地方分権

　日本国憲法では，地方自治を確立し，中央と地方との権力分立を定めました。これは，民主政治の実現にとって，地方自治が不可欠とされるからです。

2　国会の地位

◆「議会制の母国」イギリスでは議会のことを parliament（パーラメント）といいますが，この語源が parler（話す）であることからわかるように，議会とは，政治について話し合う代表者の合議体のことです。

　日本では，国の議会を国会とよぶが，国会は国の政治の上でどのような地位にあるのでしょう。

◎憲法に定められた地位

　日本国憲法では，国会に対して次のような地位を与えています。

解説日本国憲法　83

◎最高機関の意味

　この国権の最高機関という意味は，国会を国政の中心に位置づけて国民主権を実現しようとしたものであり，国会が他の国家機関を指揮・命令するというようなことではない。わが国は権力分立制をとっていて，内閣や裁判所は国会から独立した機関です。

　憲法が国会を国権の最高機関とする第一の理由は，国会が国民に直接選ばれた代表者からなるただ一つの国家機関であることによります。

　すなわち，議会主義をとるわが国では，「日本国民は，正当に選挙された国会における代表者を通じて行動し」「国政は，国民の厳粛な信託によるものであって，その権力は国民の代表者がこれを行使」する（憲法前文）のです。

　第二の理由は，国会が唯一の立法機関とされ，国会の制定した法律にもとづいて内閣は行政権を行使し，裁判所も憲法と国会の制定した法律とによって司法権を行使することになっているからです。

[用語]　**議会主義**

イギリスや日本の議院内閣制が典型な型で，国民代表で構成される議会が，国家の最高意思（法律や予算など）を決定する政治原理，制度です。議会政治，代議制，議会制ともいう。アメリカの大統領制も，議会と大統領の対立では議会の意思が最終的に優越するので，広い意味では議会主義に含まれます。

　NOTE　国会の開会式は参議院の本会議場で行われます。そのため，参議院本会議場には，議長席のうしろに，天皇が国会開会のことばを読みあげる御席がもうけられています。衆議院と参議院の本会議場を見わける一つの方法です。

◎国の唯一の立法機関

　法治国家では，国の政治が法律にもとづいて行われなければなりません。国民の権利や義務に関する規定は，国会だけが法律として決める権限をもちます。この基礎には，人権保障と国民主権の要請があり，次の二つの原則が導きだされます。

①**立法における国会中心主義**　国会を通さないで他の国家機関が立法を行うのを禁止します（※1）。例外として，最高裁判所の規則制定権，議院の規則制定権があります。また，法律の委任による政令（内閣の委任立法）や規則（行政委員会の準立法権）の制定も増大しています。

②**国会単独立法**　国会だけで法律は成立するということ（※2）。例外としては，第95条の地方特別法の住民投票があります。

※1 明治憲法下では緊急勅令や独立命令のように，議会にはからないで天皇だけで立法できるものもあったが，これらはもちろん，禁止されます。

※2 明治憲法下では，天皇の裁可が必要で，議会の議決だけでは成立しませんでした。

3　国会の機構

◆日本の国会は衆議院と参議院とからなる。これを二院制といい，英・米・ロシアの上院下院もその例です。一方，発展途上国では一院制が多くなっています。日本の場合の二院制は，どのようなしくみと特色をもっているのでしょう。

◎二院制

①**二院制の種類**　下院（第一院）と上院（第二院）とに分けられ，下院は国民が直接選ぶ議員で組織されるが，上院は多種多様で

1　特権階級や有資格者の中から任命される…明治憲法下の貴族院型

解説日本国憲法　85

2 　連邦国家の場合に各州代表者で組織される　連邦型
　　（米・ロシア型）

3 　民選だが，下院と異なる選出方法による…民選型（参議
　　院型）

のように，上院の組織方法は三つの型に大別できます。

②**二院制の利点**　二院制の長所として，次のことがあげら
れます。

1 　選挙制度を異にする二院の存在で，民意が議会によく反
　　映される。

2 　審議を慎重にし，第一院（数の代表）のゆきすぎを第二
　　院（理の代表）が修正したり，第一院の多数党の横暴を
　　批判しり，反省させたすることができる。

3 　第一院が解散などで活動不能の際に第二院が緊急事案を
　　処理する（※1）。

※1参議院の緊急集会
がこれにあたります。

トピック　　一院制か二院制か

　フランス革命時の政治家アベ＝シェイエスは，その著『第
三身分とは何か』のなかで，「そもそも貴族院は何の役に立
つのか。貴族院は代議院と一致すれば無用であり，代議院に
反対すれば有害だ」と述べました。

　一方，今世紀初頭のイギリスの政治学者ジェームズ＝ブ
ライスは，『近代民主政治』のなかで，「第一院だけでは審議
が急がれ，多数党が横暴となり議会が腐敗する。この傾向を
阻止し，是正するためには，第一院と対等な権威をもつ第二
院が必要である」と述べました。一院制と二院制，また二院
制の場合の第二院のあり方についていろいろな意見がある
が，君の考えは？

86

③**衆議院と参議院**　日本国憲法では、「国会は、衆議院および参議院の両議院でこれを構成する」（憲法第42条）と定めるとともに、「両議院は、全国民を代表（※2）する選挙された議員でこれを組織する」（第43条）こととした。両院とも民選となったが、選出の方法、任期などを異ならせ、性格が同じにならないようにしています。また、以前の参議院の全国区選出議員は、職能代表制的な性格をもっていました。

　しかし、今日の参議院では、政党化が進んで衆議院と同質化しています。そのため、先にあげた二院制の利点の1がうすれ、したがって2の機能を果たさなくなってしまい、参議院の存在理由が3を除いてなくなってきたという批判があります。

◎衆議院の優越

　二院制では、各院は互いに独立して意思決定を行い、二院の意思が合致した場合に国会の意思が成立します。しかし、二院の意思が対立して国会の意思が決定されないと、国政の運用に支障をきたすことになります。そこでわが国では、衆議院が参議院に対し、一定の限度で優越するしくみにしました。

①**法律案の議決における衆議院の優越**　法律案について、衆議院と参議院とが異なった議決をしたとき（※3）は衆議院で出席議員の3分の2以上の多数で再び可決したら、それが国会の議決となります。

　このとき、両院協議会を開いてもよいし、開かなくてもよいとされています（第59条）。

※2 国会議員は全国民を代表するもので、選挙区（地元）の代表ではないことを意味します。

※3 参議院が、衆議院で可決した法律案を受けとってから60日以内に議決しないときは、衆議院は、参議院がそれを否決したものとみなすことができます（憲法第59条第4項）。この参議院の議決期間は、予算・条約については30日以内、総理大臣指名の場合は10日以内とります。このように、決定の緊急性に応じて期間が短くなっています。

解説日本国憲法　87

用語 両院協議会

衆参両院の意見が一致しないとき，両院から委員をだして協議するために，臨時に設けられる機関 各議院10名ずつの委員で組織されます。ただし，両院協議会の決定は各議院を拘束するものではありません。なお，法律案の場合の両院協議会は衆議院の要求があれば開かれるが，衆議院は，参議院からの要求は拒むことができます。

衆議院は，参議院にくらべて任期が短く，解散の制度もあり，
主権者である国民の意思を参議院よりよく反映する

	衆議院	参議院
	465 人	248 人
選挙権の年齢	18 歳以上	18 歳以上
被選挙権の年齢	25 歳以上	30 歳以上
任期	4 年（解散すれば任期終了）	6 年（3 年ごとに半数改選）

②衆議院の絶対的優越 国政の運用に緊急度がます場合は，法律案の議決より，さらに強く衆議院の優越性が定められています。

予算の決定，条約の承認，内閣総理大臣の指名について両院の議決が異なったとき（※4），両院協議会を開いても意見が一致しない場合は，衆議院の議決が国会の議決となる…衆議院の再議決は不要。

※4 この場合は，必ず両院協議会を開かなければなりません。

衆議院の優越	異なった議決の場合の両院協議会	両院協議会で不一致または右の期間内に参院未議決の場合	参議院に与えられた議決の期限	その他
法律の議決（59条）	開かなくてもよい	衆院の再議決で法律となる	60日	
条約の承認（61条）	必ず開く	衆院の議決を国会の議決とする	30日	（衆）先議権
予算の議決（60条）	〃	〃	30日	
内閣総理大臣指名（67条）	〃	〃	10日	

③**予算先議権**　ふつう，議案は衆参どちらの議院に先に提出してもよいのですが，予算についてはかならず先に衆議院に提出しなければなりません（第60条第1項）。

④**内閣不信任決議権**　これは，衆議院だけに認められています。

NOTE　衆議院

衆議院の優越は憲法や法律に定められている場合に限られ，その他は対等です。憲法改正の発議権がその例（96条）。各議院に与えられている国政調査権，議院規則制定権はそれぞれ独立して行使するので，衆議院の優越とは関係がありません。緊急集会中の参議院は，単独で国務を処理するので，逆に参議院の優越といえようが，緊急の必要がある時に限定され，最後には衆議院の優越が認められます。

Q　1999年の「国会審議活性化法」で国会は活発な審議が行われるようになったのですか。
A　それまで官僚の政府委員が国会での答弁を大臣に代わって行っていたので，政府委員を廃止し，大臣や副大臣が行うことにしたり，党首討論を導入したりしました。副大臣が政治主導を図るために2001年の中央省庁再編で新設されたのに合わせ官僚抜きに答弁を行う改革です。党首討論はクエスチョンタイムともよばれますが，これはイギリスの制度をモデルに導入したものです。これらの制度は導入してまだ慣れておらず質問時間も短く，改革はまだ実っているとはいえないようです。

解説日本国憲法　89

トピック　衆議院のカーボンコピー

参議院の政党化がすすみ衆議院と構成が似てくると,「ミニ衆議院」「衆議院のカーボンコピー」と呼ばれ,参議院無用論が起こりました。第1回の参議院選挙 (1917年) では無所属議員が多数当選して「緑風会」に結集し,参院第一の勢力となりました。この会は政党ではなく,個人の主義・主張を尊重するとして,独自の議決や修正・発表などを行ってきました。その後,55年体制が確立し自民党の過半数議席確保により,政府・与党の意のままになる参院となり,やがて緑風会は消滅しました。1971年河野謙三議長は参院改革を主張,①議長・副議長の党籍離脱,②参院から大臣,政務次官を出さない,③党議拘束を緩め,自由討議制を採用することにより,「良識の府」「理の参議院」をよみがえらせようとしました。1989年与野党逆転が生じ,衆参でねじれ現象が生じ,参院の重みが増しました。しかし,衆院側から,第二院のくせに国政に不当に影響力を行使するという批判もみられます。

4　国会の権限

◆国会は「唯一の立法機関」として,法律の制定という立法権をもちます。さらに「国権の最高機関」として国政の中心に位置し,議院内閣制をとるところから,内閣に対して行政監督権をもち,司法部に対しても一定の監督権（裁判官弾劾権）があります。

◎立法権
①立法と行政
　立法とは,国民の権利や義務に関する一般的規範である法律を制定する作用で,国民の代表機関である国会が「唯一の立法機関」とされています。そして,行政・司法のはたらき（※1）を得て,国民の権利・自由を確保するための法治主義および議会制民主主義が完全なものになると期待されました。この「立法権の優越」「立法国家」の考えは19世紀に実現したが,20世紀に入って世界大戦,経済危機等により「行政権の優位」「行政国家」へと変容しました。

※1 行政は法律を執行し（法律による行政）,司法は法律を解釈・適用する（法律による裁判）ということ。

> 検証！
>
> 　国会は立法機関であり，法律を新設あるいは改訂しながら，国民のための
> ルールづくりに関与しています。この点を踏まえ，あるべき国会議員の議会
> 活動なども考えてみましょう。

②立法の過程

1　発案　立法機関の構成員である国会議員は法律発案権をもつが，議院内閣制をとるので内閣にも発案権があります。また各議院の常任委員会・特別委員会も法律案を提出できます。

2　審議　法律案の審議は委員会制をとります。委員会では，重要法案の場合は公聴会を開いて学識経験者や利害関係者の意見を参考にし，十分に審議を尽くします。そのあと，本会議で審議します（※2）。

3　議決　各議院の本会議で可決されて法律として成立します。衆参両院で議決が異なった場合は，衆議院が優越します（※3）。

4　公布　内閣の助言と承認にもとづいて，天皇が公布します。

※2委員会で否決されても，本会議で可決されることもあり得ます。

※3具体的には官報への掲載が公布となります。

用語　委員会制
戦前の読会制（イギリス式に本会議で3回読会を開く）に代わり，アメリカの委員会制にならって戦後導入された制度。審査される案件が増え専門化，技術化してくると，本会議よりも少数の議員で構成する委員会の方が細かく審議できますし，議員も専門的な研究ができます。常任委員会と特定の案件を審議するための特別委員会とがあります。

用語　公聴会
議会や行政機関が決定の参考にするため民間の意見を聞く会。

◎条約承認権

　条約の締結権は内閣にあるが，原則として事前に国会の承認を得ることを要件としており，事後の承認はやむを得ない場合に限られています。条約の承認については，衆議院が優越します。

解説日本国憲法　91

|補説| 批准　国家が最終的に条約を確認し，同意を与えること。批准は内閣が行うが，国会の承認が必要です。批准は公式の文書（批准書）によって行い，批准書が交換（または寄託）されて初めて条約は発効します。

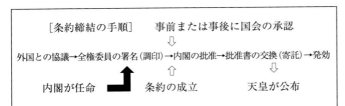

◎財政に関する権限

①**国会の管理下にある財政**　市民革命は，国王の課税徴収に反対しておこり，議会の「承認なければ課税なし」の原則が確立していきました。

　わが国でも，第83条で財政処理に関する基本原則を明白にし，すべての国の収入・支出，その他の国有財産の管理は，国会の議決にもとづかねばならない（※4）とし，租税についても第84条で租税法律主義を定めました。国費の支出については予算の形式で議決されるが「国費を支出し，または国が債務を負担するには，国会の議決にもとづくことを必要とする」（第85条）とさだめ，明治憲法の公共の安全保持のための緊急財政処分権という勅令による予算外支出や，予算不成立の場合の政府の前年度予算施行権は禁じられました。

②**予算の決定**　予算の作成は内閣の権限であるが，それを決めるのは国会の権限です。

　内閣が作成した予算は，先に衆議院に提出されます。両院で可決して予算は成立するが，参議院で衆議院と異なった議決をしたり，受けとってから30日以内に議決をしないとき，両院協議会でも一致しない場合は，衆議院の議決通りとなります。

※4　これを財政民主主義といいます。

日本国憲法
（財政に関する国会の権限）
第83条　国の財政を処理する権限は，国会の議決に基いて，これを行使しなければならない。
第84条　あらたに租税を課し，又は現行の租税を変更するには，法律又は法律の定める条件によることを必要とする。
第86条　内閣は，毎会計年度の予算を作成し，国会に提出して，その審議を受け議決を経なければならない。
第90条　国の収入支出の決算は，すべて毎年会計検査院がこれを検査し，内閣は，次の年度に，その検査報告とともに，これを国会に提出しなければならない。

③**決算の承認**　予算と実際の歳入・歳出の結果を対比させたものを決算といいます。内閣は決算を会計検査院（※5）で検査を受けたあと，検査報告とともに国会に提出し，国会の審議を受けなければなりません。

◎行政監督権と弾劾裁判

①**国政調査権**　イギリスに起源をもち，アメリカの議会でしばしば行われています。日本では，帝国議会でも不十分な調査権が一応認められていましたが，現憲法で確立しました。立法調査や行政監督の機能のために活用が期待されますが，濫用による人権侵害や司法権の独立を侵すことは許されません。

②**内閣総理大臣の指名権**　議院内閣制においては，議会が政府をつくります。つまり，内閣総理大臣は，国会の指名にもとづいて，天皇が形式的に任命するのですが，選挙で多数を占めた政党が国会の意思を決定するので，国会（とくに優越権をもつ衆議院）の多数党が内閣総理大臣をきめ，政府をつくることになります。

③**内閣不信任決議権**　政府を抑制する機能のうち最強のもので，内閣をやめさせる（総辞職においこむ）ことができます。

NOTE　衆議院の内閣不信任決議権は，内閣の衆議院解散権と対抗するもので，衆議院は内閣を打倒できるが，内閣も逆に衆議院を解散して，衆議院議員の地位を任期満了前に失わせることができます。参議院は安定性と継続性が保障され，解散の制度がないと同時に内閣不信任決議権もありません。

④**裁判官の弾劾裁判**　裁判官は身分が保障されているが，重大な職務上の義務違反，怠慢や非行に対して，国会は弾劾裁判所を設けて，その裁判官を弾劾裁判にかけ，罷免するか

※5内閣から独立した地位にあるが，3名の検査官は両議院の同意を得て内閣が任命します。

日本国憲法
（行政部監督に関する国会の権限）
第62条
両議院は，各々国政に関する調査を行，これに関して，証人の出頭及び証言並びに記録の提出を要求することができる。
第67条
内閣総理大臣は，国会議員の中から国会の議決で，これを指名する。この指名は，他のすべての案件に先だって，これを行ふ。

解説日本国憲法　93

否かを決定します。この場合，まず，国会に設けられた訴追委員会（※6）で弾劾裁判にかけるか否かを決定し，訴追された裁判官を弾劾裁判（※7）で裁きます。

国政調査権の運用

　憲法施行後10年間ほどは国政調査権が活発に活用されたが，証人の人権の侵害など，調査権の行使のゆき過ぎがあり，証人の自殺や思想調査的な質問，あるいは，利権あさりの手段として使う例も生じました。これら国会議員のつるしあげ的な証人喚問によって国政調査は国会から一時姿を消しました。しかし，1973年末の石油ショック後の便乗値上げや田中首相金脈問題で，調査権の活用が叫ばれ，ロッキード事件で，10年ぶりによみがえりました。それは，国民の知る権利に資する国政調査権の責務でもありました。

　ただし，国民の思想・良心の自由やプライバシーを侵害しないことが必須条件となります。

NOTE　国政調査権を，総務省が行う国家的調査である国勢調査と混同しないこと。

※6は各議院10名の計20名。
※7は各議院7名の計14名で構成される。なお，弾劾裁判では3分の2以上の多数決で罷免でき，これまで5名の裁判官が罷免されました。

5　国会運営の諸原則と議員の特権

◆合議体としての国会では，言論の自由が確保され，自由で公正な討論と能率的・自律的な規律とが必要です。このために，どのような規定が設けられているのでしょう。

◎国会の種類
①常会（通常国会）　1月に召集会期150日。予算審議が中心。

②**臨時会（臨時国会）**　内閣の要求か，いずれかの議院の総議員の４分の１以上の要求で開かれる。会期は両院の一致で決める。

③**特別会（特別国会）**　衆議院の解散後の総選挙（※１）の日から30日以内に召集される。内閣総理大臣の指名が審議の中心。

※１任期満了後の総選挙のあとに召集されるのは臨時会（臨時国会）。

◎国会運営の諸原則

①議事手続き

1　定足数　各議員とも総議員の３分の１以上。

2　議決　原則として出席議員の過半数であるが，特別多数決の例外規定もある（※２）。

②会議の公開　議会の活動は国民の監視と批判の下で行われるべきであるから，国会の会議は原則として公開される。

③一事不再議の原則　議院でひとたび議決した問題は，同一会期中に再び審議しないこと。

※２総議員の３分の２以上の賛成が必要→憲法改正の発議。
出席議員の３分の２以上の賛成が必要→①議員の資格争訟裁判で議員の資格を失わせる場合，②秘密会にする場合，③議員を除名する場合，④衆議院で法案を再議決する場合。

NOTE　衆議院の解散中に緊急の必要が生じた場合，内閣の要請で開かれる参議院の会議を参議院の緊急集会といいます。ここでの決定事項は次の国会開会後，10日以内に衆議院の同意がなければその効力を失います。

④会期不継続の原則　会期中に議決にいたらなかった議案は廃案となります。ただし，委員会の継続審査は議院の議決でできます。

⑤議院の自律権

1　議院規則制定権　各議院は衆議院規則，参議院規則によって院内の手続きや規律をきめることができます。

2　議員の資格争訟の裁判権　議員の資格（※３）の有無についての争訟は，その議院が裁判をします（第55条）。

※３議員の資格とは，被選挙権があること，他の議院の議員など兼職の禁じられている職務についていないことなどです。

解説日本国憲法　95

3　議員の懲罰権　各議院は，院内の秩序を乱した議員を懲罰することができます（第58条）。最高の処分として除名も決定できます。

◎国会議員の特権

①**不逮捕特権**　議員としての活動を保障し，行政部の逮捕権の濫用を防ぐため，会期中は逮捕されません（第50条）（※4）。

②**発言・表決の免責**　「議院で行った演説，討論又は表決について，院外で責任を問はれない」（第51条）と議会内での言論の自由が保障されます。この責任とは法的責任（名誉毀損罪や損害賠償）のことで，議員の政治責任を問うことはできます。

③**歳費を受ける権利**　国から相当額の歳費を支給されます（第49条）。

※4 ただし，院外で現行犯の場合は逮捕されます。なお，会期前に逮捕された議員は，その議院の要求があれば，会期中釈放されます。

6　議会政治の現状と課題

◆21世紀の議会は，その役割や機能が低下する傾向にあります。その一方で，行政部の地位が上昇し，議会制民主主義は危機に直面しているといわれます。議会政治の問題とその信頼回復への道を，わが国の場合も含めて，考えてみましょう。

◎わが国の議会政治の問題点

①**代表制の欠陥**　民意を反映しない選挙制度（人口に比例した代表選出になっていない現状（※1），棄権の多さなど）。

②**審議の形骸化**　立法過程で行政部が主導し，多数決の原

※1 衆議院に導入された小選挙区の区割りでも，すでに最高2倍以上の格差があります。

理が空洞化しています（※2）。

③行政監督の機能不全 内閣は国会の多数党（与党）の幹部で構成されているので，与党は内閣擁護側になり，野党は力不足で国政調査権なども生かされない状況です。

用語 **強行採決や牛歩戦術**

可決される見通しが確実な法案を提出した内閣は，与党と組んで審議を急がせる。これに対し野党は採決に至らず時間切れ廃案となることをめざし，審議拒否などの引き伸ばし策をとる。タイムリミット近くになると，「政府・与党の強行採決→野党の動議連発・牛歩戦術→審議ボイコット→国会機能マヒ（乱闘・空転）→国会正常化の申し合わせ」が繰り返され，国民は不満をつのらせます。

トピック **議会政治の危機とは**

19世紀は「議会の世紀」といわれるほどに，世界各国で議会を中心とする政治形態が採用されました。この時代の議会は，①制限選挙制と国民代表の原理（議員は国民全体の代表なので，選挙区の統制を受けない）に立っていたので，議会の構成メンバーは比較的に同質な有産階級によって占められていた，②国家の任務は国防と治安維持に限定され（夜警国家），議会の処理する問題も，量・質ともに限られていたことなどから，自由な討論を通じて，合意が成立しやすく，議会の国民統合機能は円滑に働いていました。

ところが，19世紀末以降の資本主義の発展により，労働者と資本家の階級的対立の深刻化，諸職能の分化によるさまざまな社会集団の噴出，貧富の格差の増大などの社会変容が生じました。そして，①これまで政治参加を阻まれていた大衆が普通選挙権を獲得し，政治の世界に登場したので，議会の構成メンバーの同質性が崩壊，②夜警国家から福祉国家への変貌は，国家の機能を増大させました。

これらの変化は議会政治にも影響を与えました。つまり，多様な利害と要求が議会に持ちこまれることから，しばしば政党間に深刻な意見対立が生じて政党の議員に対する拘束力も強まり，討論による意見調整が困難になり，議会の審議機能は十分作用しなくなりました。また，国家機能の増大と政治の専門技術化は，地域の選出した選挙区代表的議員には処理することのむずかしい高度に専門的な問題を議会に提起することになり，政策の立案は，巨大な官僚群を擁する行政部が行うこととなりました。議会は，行政部の意思決定を追認し，法律を自動的に登録するだけの機関に転落したという批判すら出て，議会政治の本来のあり方とはほど遠い状況になったのです。

※2 たとえば，法案は官僚立案の内閣提出法案が9割以上で，議員立法はわずかです。また，法案の成立は，審議に入る前から各党の国会対策委員の間の折衝で行われ（国対政治），国会の審議はセレモニーと化しています。

解説日本国憲法　97

8 内閣・行政のしくみと機能

1 内閣の地位

◆わが国の内閣制度は，1885（明治18）年，立憲政治への基礎固めとして始まったが，大日本帝国憲法には内閣についての規定はなく，天皇の輔弼機関にすぎませんでした。日本国憲法によって内閣の地位が確立するとともに，国会に対して責任を負う議院内閣制が整えられました。

◎内閣の地位の強化

日本国憲法では，大日本帝国憲法の時代にくらべて，内閣の地位が強化（※1）され，また民主化されました。具体的には次の通りです。

大日本帝国憲法時代の内閣	比較点	日本国憲法の内閣
憲法に内閣の規定はなく，内閣は勅令である内閣官制にもとづく。	憲法上の規定	憲法第5章に規定。内閣法も制定され，内閣制度が確立。
憲法に内閣の規定はなく，内閣は勅令である内閣官制にもとづく。各国務大臣は，それぞれ天皇を輔弼（※2）し，天皇に対し責任を負った枢密院，軍部の圧力で内閣の地位は不安定。	内閣の地位	内閣は行政権をもつ最高意思決定機関で，すべての行政機関を統括。行政権の行使については，国会に対して連帯責任を負う。
天皇の官吏として，大臣はすべて天皇が任命。内閣総理大臣は他の大臣と対等で同輩中の首席。天皇の官吏として，大臣はすべて天皇が任命。内閣総理大臣は他の国務大臣と対等で同輩中の首席。	内閣総理大臣	国会議員の中から国会が指名し，天皇が任命。内閣の首長として国務大臣の任命権をもつ。
閣議全員一致の原則の下，1人の軍務大臣の反対で，閣内不一致による総辞職となることがあった。	閣内の統制	全員一致の原則であるが，総理大臣は国務大臣を任意に罷免できるので，閣内不一致の総辞職はない。

※1 2001年より中央省庁を再編して内閣府を新設し，重要法案の企画・立案・調整を行うなど，内閣総理大臣のリーダーシップを強化しました。
※2 天皇の大権行使に対して行う大臣の助言を意味します。大臣は天皇に対して責任を負うので，衆議院の不信任議決があっても，天皇の信任があれば内閣は総辞職をしなくてもよいとして，政治責任をとらなかった例があります。

98

◎議院内閣制

　議院内閣制はイギリスを起源とします。イギリスでは，18世紀に，君主の権限が名目化し，内閣が議会の信任だけに依存するという議院内閣制が確立しました。わが国でも，日本国憲法において，天皇が国政に関する権能をもたず，行政権をもつ内閣が国会に対して連帯して責任を負うという議院内閣制が確立されました。

内閣総理大臣は，国会議員のなかから国会の議決で指名し，国務大臣の過半数は国会議員でなければならない	内閣は，国会のなかから生まれ，国会の信任のもとに存続する。
衆議院で内閣不信任の議決（または信任案の否決）をしたとき→内閣は10日以内に衆議院を解散するか総辞職	

2　内閣の組織と職務

◎内閣の組織

①内閣の構成員と資格　内閣は，その首長である内閣総理大臣（首相）とその他の国務大臣とで組織されます。

1　内閣総理大臣もその他の国務大臣も文民（※1）でなければなりません。

2　国務大臣の過半数は国会議員のなかから選ばれなければなりません。

②内閣総理大臣　わが国の最高権力者であり，内閣府を統括するなど内閣の長として次のような強い権限をもちます。

1　国務大臣を任命し，かつ任意に罷免できます。

2　内閣を代表して，法律案，予算その他の議案を国会に提出し，一般国務・外交関係について国会に報告します。

※1 軍人でない人のこと。日本では，現在の自衛隊制服組（武官）でない人をいいます。

解説日本国憲法　99

3 閣議（全会一致制）を主宰し，行政各部を指揮・監督します。

4 国務大臣の訴追に同意する権限をもちます。

③国務大臣 各国務大臣は，「主任の大臣」として省や庁の長となり，行政事務を分担・管理します（※2）。

◎内閣の職務と権限

　内閣は行政権を受けもち，下の資料に示した第73条の職務を行うほか，次のような権限をもちます。

1 天皇の国事行為について助言と承認を与えます。

2 国会の臨時会の召集を決定したり，参議院の緊急集会を要求すること。

3 最高裁判所長官を指名し，最高裁長官以外のすべての裁判官を任命する権限。

[用語] 政令

憲法や法律の規定を実施するために，法律の範囲内で内閣が制定する命令で，法律の委任がなければ，罰則を設けることはできません。

◎国家行政組織

　内閣の下に1府11省（※3）があります。また，府・省には，一定の限度で独立した外局として委員会と庁があります。委員会（※4）は，あつかう事務の性質上，とくに政治的中立性が必要で，各大臣からの独立性が認められる行政委員会であります。国家公安委員会，人事院などがそれです。庁は，所轄事務が多大なため外局とされた機関で，庁の長官に国務大臣をすえることもあります。

[検証！]

省庁再編前と後の組織体系を見比べて，感想を述べてみましょう。

100

※2内閣法では，内閣総理大臣を除く国務大臣の数は14人以内としています（ただし，特別に必要がある場合は17人以内）。また，行政事務を分担しない無任所大臣がおかれることもあります。さらに2001年に，大臣を助ける副大臣政務官を設け，政治家の主導性を強めました。

日本国憲法
（内閣の職務に関する規定）
第73条
内閣は，他の一般行政事務の外，左の事務を行ふ。
①法律を誠実に執行し，国務を総理すること。
②外交関係を処理すること。
③条約を締結すること
④官吏に関する事務を掌理すること。
⑤予算を作成して国会に提出すること。
⑥…政令を制定すること。…
⑦大赦，特赦，減刑，刑の執行の免除及び復権を決定すること。

トピック 副大臣と大臣政務官の設置

「中央省庁等改革基本法」（1998年）に基づき2001年から1府21省庁を1府12省庁（2007年より1府11省）に再編するとともに中央省庁改革の一環として副大臣と大臣政務官が導入されました。これにより従来の政務次官を廃止し，国会審議の活性化と政治主導の政策決定システムを確立するため政府委員制度も廃止しました。副大臣と大臣政務官には国会議員を登用し，副大臣がその省庁の政策全般について大臣を助け，大臣政務官は特定の政策について大臣を助けます。また，副大臣は大臣不在時に大臣の職務を代行し得るのに対し，大臣政務官にはそのような権限は与えられていません。
　この設置目的は，これまでの官僚政治からの脱却を図り，政治主導に変えることです。

　官僚政治とは，政策の実質的な決定を官僚に牛耳られてきた政治の実態をいいます。具体的には，政策の企画・立案から国会審議の段階に至るまで官僚依存であった現状から脱却し，政治家主導の政治を実現させようとすることを確立するためです。

　民主主義とは，選挙で選ばれた代表者が政治を行うということです。すなわち，民意の集約たる選挙を経た代表者が国を運営するのが真の民主主義国家であって，公務員試験に通っただけの官僚（身分保障があり，定期的な民意による選出ナシ）が政策決定など実権を握ることがあってはなりません。民意を反映する議会が主体的に政治にかかわるため（「国会は，国権の最高機関」という憲法の規定は，政治の中心が国会だ，という意味），政治家と官僚の役割を見直し，政官の癒着構造を改め，官僚主導を政治主導に変えねばなりません。主権者たる国民が選んだ代表者が政治家であり，官僚の役割はその政策決定におけるアシスタントでしかないのです（ここでいう官僚は，行政官僚であり，一般には，行政機構において大臣，長官の指示の下で情報提供や執行を担う役割を負う）。

※3 2007年の防衛省設置により現体制。
※4 国会内の委員（常任委員会など）とは異なる行政委員会。戦後，アメリカの制度を参考に導入されました。は総辞職をしなくてもよいとして，政治責任をとらなかった例があります。

解説日本国憲法　101

国の行政機関の組織図

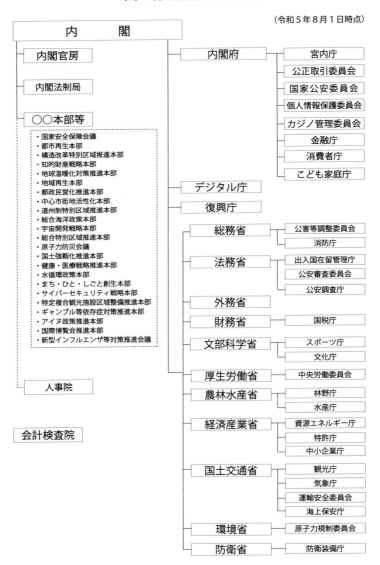

3　内閣と国会の関係

◆日本は議院内閣制のため内閣と国会の関係は密接です。内閣の各閣僚（副大臣・政務官も）は，答弁や説明のため出席を求められれば議院に出席し，また国会の国政調査権に対応する責務を負います。そして衆議院で不信任とされた内閣は，一度は総辞職しなくてはなりません。

◎解散権

①**解散の意味**　議会の解散（※1）は，議院内閣制のもとでは，議会の内閣不信任議決への内閣の対抗手段となります。また，立法部と行政部とが対立したとき，主権者である国民の判断に委ねるという，直接民主制的な役割も期待されます。

②**解散をめぐる憲法解釈**　日本国憲法には，どんな場合に衆議院が解散されるかについて第69条の場合しかあげていません。しかし，民意を問うという解散の趣旨から，第7条にもとづいて，内閣が自由に衆議院を解散できるという7条解散も認められ，実際に行われてきました。しかし，内閣の解散決定権も，その濫用は許されず，真に民意を問う必要がある場合だけに限定されるでしょう。

※1 もともとは君主が民選の代表部を抑制する手段として成立。

日本国憲法
（衆議院解散に関する規定）
第7条
　天皇は，内閣の助言と承認により，国民のために，左の国事に関する行為を行ふ。
③衆議院を解散すること。（他項略）
第69条
　内閣は，衆議院で不信任の決議案を可決し，又は信任の決議案を否決したときは，10日以内に衆議院が解散されない限り，総辞職をしなければならない。

解説日本国憲法　103

◎内閣の総辞職

憲法で内閣が必ず総辞職すべきであるとしているのは，次の三つの場合だけですが，このほか，内閣は任意に総辞職できます（※2）。

① 内閣総理大臣が欠けたとき。
② 衆議院で不信任議決後10日以内に，衆議院が解散されないとき。
③ 衆議院議員総選挙後，はじめて国会の召集があったとき。

※2 たとえば，内閣総理大臣の病気，内閣提出重要議案の否決，閣僚の汚職などで総辞職した例があります。

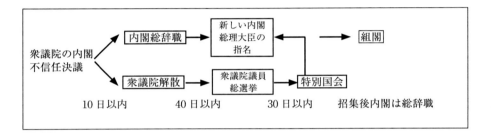

トピック 「内閣政治」に日本はなるか

イギリスの政治のあり方を「内閣政治」と特徴づけるのは，内閣が議会や行政諸機関に対して統一的で強力な指導力を発揮しているからです。日本の場合は，首相のリーダーシップは弱く，政治のイニシアチブは官庁の官僚の方に握られているといわれるが，1999年制定の中央省庁改革関連法によって新設した内閣府に統合調整権を与え，また副大臣政務官の制度も設けるなど内閣の機能強化が図られることとなりました。

検証！

戦後の内閣総理大臣ならびに政権の特徴やイメージを検証してみましょう。

9 裁判所のしくみと機能

1 裁判所の地位

◆明治憲法のもとでは，司法権は天皇に属し，裁判所は天皇の名において司法権を行使していました。しかし，日本国憲法では，裁判所の地位と権限が強化され，民主化されました。

◎司法権の独立
①**裁判所の役割**　裁判所は，社会のさまざまな争いを，第三者の立場から審理し，公平な審判を下す役割を担います。国会や内閣にくらべて受け身の活動であり，直接の政治性はないが，裁判によってはじめて法律の解釈・内容が確定されるから，その役割は大きいといえます（※1）。

②**司法権の独立**　裁判所がその役割を十分に果たし，基本的人権を守るためには，独立した裁判所の公正な裁判が行われなければなりません。このような観点から，日本国憲法では司法権の独立と裁判官の独立が明確に規定されました。

> ①すべての司法権は，最高裁判所と下級裁判所に属する。
> ②特別裁判所（※2）は設置できない。
> ③裁判官の独立（職権の独立）＝裁判官は憲法と法律にのみ拘束される
> 　　　　　　　　　　　　　…裁判官に対する他からの干渉禁止
> 　　　　　　　　　　　　　　　　　　　　　　　　　　　（※3）

このほか最高裁判所に規則制定権などの司法行政権が与えられたことも，司法権の独立を守るうえで重要なことです。

※1 司法権が立法権や行政権と結びつくと，恣意的支配や圧制になる恐れがあります。

※2 戦前には特別裁判所として行政裁判所皇室裁判所・軍法会議がありました。

※3 これは，裁判官が裁判をする際に，外部から干渉を受けないことのみならず，司法部内においても干渉されないことを意味します。

解説日本国憲法　105

NOTE　大津事件にみられるように，帝国憲法下においても·司法権の独立は守られていましたが，当時は，人権擁護のためというより，「天皇の名において行う裁判」の独立でした。なお，大津事件は，司法内部からみれば，上級裁判官が担当裁判官の判断を指導した点で，裁判官の独立を侵しています。

◎司法権の強化と民主化

①司法権の範囲の拡大　明治憲法下では，司法権の対象は民事と刑事の裁判に限られ，行政事件は行政裁判所（※4）という行政部内の機関で行われました。日本国憲法では，最高裁判所を頂点とする司法裁判所にすべての司法権を与え，行政事件も司法権の対象に含めた。そのため，行政機関も，行政委員会の裁定のように前審としての審判は行ってもよいが，通常の司法裁判所の系列に属さずに終審として裁判できる特別裁判所（行政裁判所など）は禁止されました。最高裁判所の下部に組みこまれたのです。

※4全国1か所（東勧審で終審という特別裁判所）でした。

補説

民事裁判　社会生活上での市民間の争いを民法・民事訴訟法などによって裁く裁判。
刑事裁判　国が公益の代表として犯罪の処罰を求める裁判（※5）。刑法，刑事訴訟法などによります。
行政裁判　行政官庁と市民とのあいだの公法をめぐる紛争に関する裁判。行政事件訴訟法によるが，広義の民事裁判の一種として行われます。

※5被害者に代わって検察官が公益を代表して原告となり，被疑者を訴えます。

用語　検察官

刑事事件に際し，公益の代表として被害者に代わって被疑者を裁判所に訴え，裁判の執行を監督します。検察官は検察庁に属します。検察官の不起訴処分の適否を審査するのが検察審査会です。なお，裁判官，検察官，弁護士を法曹三者といいます。

②違憲立法審査権と国民審査　この二つは，日本国憲法の司法制度を最も特徴づけるもので（※6），あとでくわしくのべます。

※6ドイツなどの大陸法系の国では，憲法裁判所という特別の裁判所に違憲審査を行わせています。

Q 司法と裁判所は似たように使われますし，司法裁判所という語もありますが，どう違うのですか。
A 人間社会の紛争の解決方法の一つとして，裁判は，承認された一定のルールに基づき，直接に利害関係のない第三者による調整・解決のことです。司法とは，この裁判を国家機関が法の適用の形で裁定する作用で，この国家機関は，他の機関から分離した司法府であり，司法作用を行う権限を司法権といいます。近代国家では裁判が国家の手に集中されてきて，市民の「裁判を受ける権利」に応えるためにも司法裁判所が裁判の中心を占めるようになったのです。

2 裁判所と裁判のしくみ

●裁判所には最高裁判所と下級裁判所とがありますが，それぞれどのようなしくみになっているのでしょうか。また，公正な裁判が行われるために，どのような工夫がなされているでしょうか。

◎裁判所の種類
裁判所には，最高裁判所と，裁判所法に定められた高等（※１）・地方・家庭および簡易裁判所の四種の下級裁判所があります。

※１東京高等裁判所に「特別の支部」として，知的財産高等裁判所があります（2005年設置）。

裁判				
最高裁判所	1 東京	違憲立法審査の終審裁判所＝憲法の番人	長官と14人の判事の計15人大法廷（全員），小法廷（3人以上）	70歳
高等裁判所	8	控訴・上告審内乱罪に関する第一審	合議制（3-5人）	65歳
地方裁判所	50	ふつうの事件の第一審	単独裁判，特別の事件は合議制	65歳
家庭裁判所	50	家事審判や家事調停と，少年事件の裁判	単独裁判が原則，特別の事件は合議制（3人）	65歳
簡易裁判所	438	少額軽微な事件を裁判	単独裁判	70歳

▲裁判所の種類とその役割（設置数は2008年1月1日現在のもの）

解説日本国憲法 107

◎最高裁判所

　最高裁判所は，最上級の裁判所として，次のような権限を
もっています。

①違憲立法審査における終審裁判所　憲法に違反するかど
うかが争われる事件は，最高裁判所が終審となり決着がつく
場合が多いので，「憲法の番人」といわれます。

②最高の終審裁判所　上告審や特別抗告審について最終的
な判断を下す権限をもちます。

③規則制定権　訴訟に関する手続き，裁判所の内部規律，
弁護士や司法事務処理に関する事項についての規則を定める
（※2）権限をもちます。

④下級裁判所裁判官指名権　下級裁判所の裁判官は，最高
裁判所の指名した者の名簿によって内閣が任命します。

⑤司法行政権　司法行政権は司法権自身が運用することに
なり，③，④以外は各裁判所会議によるものとされ，裁判所
に職員の人事権・監督権（※3）を与えました。

◎三審制と審級制度

①三審制

　国民の権利保障を慎重にするために，裁判は1回限りとせ
ず，原則として一つの事件について3回まで裁判を受けられ
ます。これを三審制といい，訴訟当事者に3回の審理・裁判
を求める権利を与えているのです。

※2 憲法第77条の規
定で，これは国会の立
法権の例外です。行政
部に属する検察官も，
最高裁判所のきめた訴
訟手続きなどに従わな
ければなりません。

※3 最高裁判所が人事
権（任地，昇給・昇格
など）をもつので，こ
の人事権を通して裁判
官の独立が脅かされ
るという批判もありま
す。

用語

上訴 下級裁判所の判決を不服として上級の裁判所に訴えることを広く上訴といい，控訴と上告に分けられます。

控訴 第一判決に不服のときの上訴のこと。

上告 控訴の結果行われた裁判（控訴審）の判決に不服のとき，さらに上訴すること。

飛躍（飛越）上告 控訴審を行わず，直接その事件の上告裁判所に上告する手続きで，憲法違反などを理由とする場合に限られます（刑事裁判では跳躍上告といいます）。

②**審級制度** 第一審，第二審，第三審と分けられます。

◎裁判の公開

　裁判（対審・判決）は，原則として公開の法廷で行われる。つまり，公衆の傍聴を許すということです。これは，裁判を公衆の監視のもとにおき，その公正を期するためのものです。

補説 **対審** 裁判官の前で行われる事件の審理や，原告と被告・弁護人との弁論のやりとりのこと。

裁判の公正 ┤ 三審制，公開裁判，
　　　　　　　裁判官の身分保障
　　　　　　└ 刑事被告人の人権保障

3　裁判官の任命と身分保障

◆裁判官は，職務上独立して公正な裁判を行うために，その身分（地位）が保障されています。

解説日本国憲法　109

◎裁判官の任命

1 最高裁判所長官＝内閣の指名にもとづいて天皇が任命。

2 最高裁判所裁判官＝内閣が任命。その任免については天皇が認証。

3 下級裁判所裁判官＝最高裁判所が指名した者の名簿（※1）によって，内閣が任命。高等裁判所長官の任免については天皇が認証。

※1 裁判官に任用されるにはこの名簿に載ることが必要で，最高裁が名簿に載せない場合は，新任，再任希望者は任官できません。

※2 裁判所法に定められています。

◎裁判官の身分保障

①**地位の保障**　裁判官は，定年（※2）による退官以外に，次の場合に限り罷免されます。

1 心身の故障のために職務をとることができないと，裁判で決定された場合。

2 国会の弾劾裁判所で罷免を可とされた場合。

3 最高裁判所裁判官については，国民審査で罷免とする票が過半数となった場合。

②**懲戒処分**　行政機関が，裁判官の懲戒処分を行うことはできません。司法部内で裁判によって懲戒処分が決定されます（この裁判を分限裁判といいます）。

③**経済的保障**　裁判官は相当額の報酬を受け，在任中はその報酬額が減らされることはありません。これは裁判官を金品の誘惑から守るために，生活の安定を保障するものです。

Q　日本の裁判所の判決が行政側に有利で，国民に不利だという批判が高まっていますが，それはなぜですか？

A　これは，裁判官の人事に起因するという考え方があります。最高裁の裁判官（判事）を内閣が決め，下級裁判所の裁判官を最高裁が指名する制度なので，内閣と最高裁が結びつけば，下級裁判所裁判官の新任，再任，昇格まで最高裁が統制でき，全体として裁判官が政府寄りになるというのです。これが，国民の裁判所に対する不信感の一因になっています。

> **Q 外国の裁判では，陪審員が有罪かどうかを決しますが，わが国には陪審制はありませんか。**
>
> **A** 外国では民主主義の発展につれイギリスに始まる陪審制がアメリカに渡り，ドイツ・フランスなどでは参審制が定着し，司法への国民参加があたり前となっています。わが国では，昭和3〜18年の間，刑事裁判に陪審制が実施されました。その後は，簡易裁判所の民事事件や和解に司法委員，家庭裁判所の家事審判に参与員という形で審理に参加し，裁判官の補助や参考意見を述べる例にとどまっていましたが現在は裁判員制度という形で司法への国民参加が図られています。

◎裁判官の任期

　最高裁判所裁判官には任期はないが，下級裁判所裁判官の任期は10年です。ただし，再任されることができます。しかし，最高裁判所が再任を拒否し，内閣に提出する名簿に氏名をあげなかったために，理由が公表されないまま退官させられた例もあり，この点で身分が不安定になるおそれがあります。

◎裁判の民主的統制

　裁判官の独立や身分の保障も，裁判官の独善や恣意を許すものではありません。そこで，「公務員の選定・罷免は国民固有の権利（第15条）」という規定を具体化するものとして，次の二つがあります。

①**公の弾劾**　国民は，重大な職務義務違反・職務怠慢や非行のあった裁判官を，国会の訴追委員会に訴追請求することができます（※3）。

②**国民審査**　最高裁判所の裁判官については国民審査の制度があり，国民の投票で，過半数が罷免を可とした裁判官は罷免されます（※4）。

※3 訴追委員会で罷免すべきと認めると弾劾裁判所に訴追します。
※4 現実に国民審査で罷免された裁判官はいません。

解説日本国憲法　111

最高裁判所裁判官は，任命後初めて行われる衆議院議員総選挙の際に国民審査に付される→その後は，10年を経て初めて行われる総選挙のたびに。

トピック　司法改革と裁判員制度

　司法改革には，刑事裁判の迅速化・充実化，被疑者に対する国選弁護制度の導入，裁判外紛争処理の導入，法律相談のための窓口として法テラス（司法支援センター）の設立，訴訟費用の軽減化など様々な改革が出されています。とくに裁判員制度は国民の司法参加という大改革です。

　裁判員制度は，重大な刑事事件の裁判に一般市民から選ばれた裁判員が裁判官とともに審理に参加する制度で，原則として裁判官3人と裁判員6人の合議制で，被告人の有罪・無罪や量刑などを決めます。

　裁判員候補者は，20歳以上の有権者のなかから「くじ」で選ばれ，辞退できるのは特別な事情がある場合に限られます。

　アメリカの陪審制と異なっている点は，陪審員が裁判官から独立して有罪・無罪の事実関係だけを評決するのに対して，裁判員制度では裁判員と職業裁判官が一緒に審理にあたり，5人以上の多数決（その中に裁判官1人が含まれている必要がある）で評決が決まる点です。このような制度は，ドイツやフランスで採用されている参審制に近いです。日本の裁判員制度は，2009年5月より，殺人罪など一定の重大な犯罪の刑事裁判について導入されました。

Q　冤罪が後を絶ちませんが，どうして生じるのでしょうか？

A　冤罪とは，裁判で誤って無実の人を有罪とすることです。これまでの冤罪事件では免田事件，財田川事件，松山事件，梅田事件，島田事件などが有名です。一旦判決が確定した後で再審（裁判をやり直す制度）によって無罪となった例や，死後に冤罪とされた例もあるのです。なぜ冤罪が生じるのか？　例えば捜査機関が，行き過ぎた見込み捜査や政治的意図などから，犯人に仕立て上げてしまうケースです。科学的捜査による裏づけではなく，"自白は証拠の王"と見なす誤った考え方で自白獲得のための取り調べを，長期間（最長23日）警察の留置場（代用監獄）の密室で行い，こうして虚偽の自白が誘導され，裁判官も見抜けずに冤罪が生まれるといわれています。

4　違憲立法審査権

◎憲法の最高法規性

　憲法は国の最高法規であるから，憲法に違反する法律，命令をはじめすべての国家的行為は無効となります（第98条）。そこで，これらの国家的行為が憲法に違反していないかどうかを審査する違憲立法審査権（違憲審査権）が必要となります。

◎違憲立法審査のしくみ

　日本国憲法では，アメリカの制度を導入して司法部の優越を規定し，最高裁判所に最終的な違憲立法審査権を与えていますが，下級裁判所にもこの審査権は認められると解釈されています。また，違憲立法審査は具体的訴訟に付随して行われます（※1）。

> **日本国憲法**
> （違憲立法審査権に関する規定）
> 第81条
> 最高裁判所は，一切の法律，命令，規則又は処分が憲法に適合するかしないかを決定する権限を有する終審裁判所である。

※1 違憲審査のための特別の裁判所は置かず，通常の裁判所が具体的訴訟において行います。

年月	事例	争われた法律	根拠	判決要旨	判決後の措置
1973.4	尊属殺人の重罪規定	刑法	憲法14条（法の下の平等）	重罪規定は不合理な差別的扱い	1995年の刑法改正で規定も削除
1975.4	衆議院議員の距離制限規定	薬事法	憲法22条（経済的自由権）	距離制限は非合理的で無効	距離制限規定削除
1985.7	衆議院議員定数配分規定	公職選挙法	憲法14条（法の下の平等）	4.40倍の格差は違憲選挙は有効	1986年定年是正その後も格差は深刻
2002.9	配達遅れに対する国の損害賠償規定	郵便法	憲法17条（国家賠償請求権）	国の免責規定は合理性が無く違憲・無効	2002年に法改正
2005.9	存外邦人の選挙権制限規定	公職選挙法	憲法15条（選挙権）	選挙権の行使を制限するのは違憲	国会による法改正へ

解説日本国憲法　113

10　地方自治

◎地方自治の意義

　イギリスのブライスは「地方自治は民主主義の学校である」と述べていますが，これは住民が身近な地域の政治に参加することで，民主政治を運用する能力が身につくからです。今日では，環境・福祉などについて住民の自治的活動が進み，それにより民主主義が活性化し，国政へも波及するなど，地方自治こそ民主主義の土台であるという積極的役割が明確になってきています。

◎地方自治の本旨

　日本国憲法にいう「地方自治の本旨」とは，次の二つの原理を含むものと考えられます。

①**住民自治**　地方自治の伝統をもつイギリスで展開された考え方で，地域の人民の政治的自律，すなわち，地方行政を地域住民が自らの意思で行う方式（地域住民の参加民主主義）を指します。

②**団体自治**　主としてドイツで発達した考え方で，中央政府から独立した地方公共団体を認め，中央政府の干渉を受けずに地方の行政事務を処理できるということ。日本国憲法でも，地方公共団体に自治立法権・自治行政権・自治財政権などを認めています。しかし，国からの独立といっても，国全体として計画的な施策や統一的な行政は必要で，これまでは地方分権と中央集権との調整の中で国の力が強かったが，国から地方への事務権限と税源（財源）の委譲が図られています（※1）。

※1 地方分権の推進と国との対等な関係を図るため，1999年地方分権一括法が制定されました。

地方自治の本旨 ┬ 住民自治…住民の地方自治への
　　　　　　　　　　　　参加→民主主義
　　　　　　　└ 団体自治…地方公共団体の自主
　　　　　　　　　　　　的決定→地方分権

2　地方公共団体の組織と機能

◆日本国憲法によって，日本の地方自治制度は著しく民主化され，わたしたちの生活と密接に結びついています。しかし，中央集権化の逆コースも生じたので，今日，地方自治の本旨の実現に向けて地方分権化が進められつつあります。では，わが国の地方自治は，具体的にはどのようなしくみなのでしょう。

◎地方自治の民主化

①**第二次世界大戦前の地方自治**　帝国憲法には地方自治に関する規定はなく，法律で地方団体による一定の自治を認めたにすぎませんでした。そのため，ドイツ型の団体自治はあったものの，中央政府の指揮・監督下にあり，また住民自治はほとんどみられませんでした（※1）。

②**民主化された地方自治**　日本国憲法によって地方自治が制度的に保障され，「地方自治の本旨」を具体化した地方自治法も憲法と同時に施行されました。

1　住民自治の保障　地方議会議員とともに，都道府県知事・市町村長も住民の直接普通選挙で選ばれることになりました。また，特別法の住民投票権に加えて，住民の直接請求制度が設けられ，住民自治が発達しました。

日本国憲法
（地方自治に関する規定）
第92条
地方公共団体の組織及び運営に関する事項は，地方自治の本旨に基いて，法律でこれを定める。
第93条
①地方公共団体には，法律の定めるところにより，その議事機関として議会を設置する。
②地方公共団体の長，その議会の議員及び法律の定めるその他の吏員は，その地方公共団体の住民が，直接これを選挙する。
第94条
地方公共団体は，その財産を管理し，事務を処理し，及び行政を執行する権能を有し，法律の範囲内で条例を制定することができる。

解説日本国憲法　115

2　地方分権の進展

　内務省が廃止され，地方議会が条例を制定できるようになるなど，中央集権から地方分権へと大きく変わりました。

用語　**条例**

　憲法で保障された地方議会の定める地方行政に関する法規。「法律の範囲内」で住民の権利・義務や行政事務の執行規律を定める。罰則として2年以下の懲役や罰金を科すことができます。

◎地方公共団体（地方自治体）の種類と組織

①地方公共団体の種類　次の二種類があります。

1　普通地方公共団体　都道府県と市町村（※2）。

2　特別地方公共団体　特別区（東京都の23区）（※3），地方公共団体の事務組合（※4），財産区（※5），地方開発事業団など。

②地方公共団体の議事機関　都道府県議会と市町村議会とがあります。ともに一院制。議員は住民の直接選挙で選ばれます。任期は4年だが，解散やリコールの制度があります。

③地方公共団体の執行機関　首長制（大統領制）をとるので，都道府県知事・市町村長が単独で執行機関となります。長は，住民の直接選挙で選ばれ，任期は4年ですが，議会の不信任決議による辞職制やリコールがあります。

　また，首長の独断や党派的支配を避け，行政の公正さを確保するために，長の下に，一般的執行機関から独立した執行機関として行政委員会が設けられています。

NOTE　監査委員は委員会としないことに注意。

検証！

　自分の住む地方自治体の役所や広域行政（消防・衛生組合等），国や県の出先機関を調べて，行政組織の構造や，運営ついても調べてみよう。

※1府県知事は天皇によって任命される官選知事であり，内務大臣の監督下にある国の官吏でありました。

　第二次世界大戦前でも地方議会の議員は公選でしたが，当初は間接選挙や等級差別選挙であり，その権限は弱いものでした。知事や市町村長は，議会の反対にあっても，原案通り執行できる権限（原案執行権）を行使できました。

※2行政運営の効率化による財政危機の克服の必要性などから，市町村合併が進められているが，広域化は自治の空洞化を招くという批判もあります。

※3市と同様の取り扱いを受け，区長・区議会議員は公選されます。

※4事業の共同処理をするために結成します。

※5公の施設や財産の運営処分に関して結成。

種別	都道府県	市町村	選出方法	業務
教育委員会	5名	3〜5名	長が任命	学校などの教育機関の管理
公安委員会	3〜5名	—	知事が任命	警察の管理・運営
選挙管理委員会	4名	4名	議会が選挙	選挙に関する事務を管理
人事委員会	3名	3名	長が任命	地方公務員の人事行政を分担
農業委員会	20名	20名	選挙と任命	農業の発展や農地の調整を促進
監査委員	4名	3〜1名	長が任命	地方公共団体の行政・会計監査

▲地方公共団体　このほか，労働委員会・収用委員会などもあります。

◎地方公共団体のおもな仕事

①地方議会の仕事

1　条例の制定・改廃・予算・地方税・使用料などの決定。

2　議長・副議長・選挙管理委員の選挙。

3　おもな公務員（※6）を知事が任命するとき，それに同意を与える。

4　住民の請願の受理。

5　長の不信任の決議。

②執行機関長の仕事（※7）

1　地方税の賦課徴収。

2　議案の提出，予算の調整・執行，決算の議会提出。

3　治山治水，地域のための社会資本の建設。

4　教育，保健・衛生・社会保障，警察，消防の仕事など。

5　戸籍・外国人登録などの事務。

◎地方議会と長との関係

　地方公共団体の首長も地方議会の議員もともに住民の直接

※6 副知事，副市町村長，監査委員，公安委員など。

※7 地方分権一括法の制定（1999年）により，それまで地方自治体を国の機関とみなして，国の指導・監督のもとに国の仕事を代行させていた機関委任事務は廃止され，自治体が自主的に処理する自治事務と国が関与できる法定受託事務とに再編されました。

解説日本国憲法　117

選挙で選ばれるので，地方自治では，両者を抑制と均衡の関係におきます。

①**長の拒否権**　議会の条例の制定・改廃または予算の議決について異議があるときは，長は 10 日以内に拒否権（※8）を行使して，再審議を議会に要求できます。しかし，議会が出席議員の 3 分の 2 以上の賛成によって再議決すれば，それらの条例や予算はそのまま成立します。

②**議会の不信任決議権と長の解散権**　議会は．議員の 3 分2 以上が出席し，その 4 分の 3 以上が賛成すれば，長の不信任を決議できます（※9）。このとき長は，10 日以内に議会を解散しないときは辞職しなければなりません。また，解散後はじめて招集された議会で，再び不信任の議決をされた場合は，その長は辞職しなければなりません。

※8首長制は大統領制と同じで，議員と行政の長とを別の選挙によって選出し，相互に牽制させる制度で，この長の拒否権も大統領と同様のものです。

※9首長制を基本としつつ，議院内閣制の原理を加味したもの。

3　住民の権利

◆地方自治においては間接民主制を原則としながらも，直接民主制が取り入れられ，住民自治を制度化しています。どのようなものがあるでしょう。

◎選挙権・被選挙権・住民投票権

①**選挙権**　年齢満 18 歳以上で，3 か月以上その市町村に住所を有するものに与えられます。首長も議員も直接選挙で選出されます。

②**被選挙権**　議員と市町村長は 25 歳以上のものに，都道府県知事は 30 歳以上のものに，それぞれ立候補する資格が与えられます。

③**住民投票権**　憲法に定められた直接民主制の一つで国民投票（レファレンダム）の一種。具体的には次の通り。

> 一つの地方公共団体のみに適用される特別法は，その地方公共団体の住民投票において，その過半数の同意を得なければ，国会はこれを制定できない（※1）。

◎**直接請求権**

　直接民主制の導入で，国の政治にはみられないイニシアティブ（国民発案）（※2）やリコール（国民解職）の制度が地方自治にとり入れられました（※3）。

	必要署名数	請求先
条例の制定・改廃の請求	有権者の50分の1の連署	知事・市町村長
監査請求		監査委員
議会の解散請求	有権者の3分の1以上の連署（有権者が40万を超える分については6分の1以上）	選挙管理委員会
議員，長，主要公務員の解散請求		議員・長は総選挙管理委員会，他は長

　▲地方の住民の直接請求権

NOTE　天皇は、国の象徴という地位の特殊性から、憲法の「法の下の平等」の例外。

検証！

　周辺自治体で過去に，各種請求が実行されたケースがあるか調べてみよう。

※1 憲法第95条の規定で，こうしてきまった特別法に，広島平和都市建設法，長崎国際文化都市建設法，首都建設法などがあります。

※2 条例の制定・改廃請求がこれにあたります。

※3 直接請求権とは別に，自治体の公金の不当支出などの財務について，一人ででも住監査・住民訴訟が請求できる制度があります。

解説日本国憲法　119

■資料編

大日本帝国憲法

告　文

皇朕レ謹ミ畏ミ
皇祖
皇宗ノ神霊ニ誥ケ白サク皇朕レ天壌無窮ノ宏謨ニ循ヒ惟神ノ宝祚ヲ承継シ旧図ヲ保
持シテ敢テ失墜スルコト無シ顧ミルニ世局ノ進運ニ膺リ人文ノ発達ニ随ヒ宜ク
皇祖
皇宗ノ遺訓ヲ明徴ニシ典憲ヲ成立シ条章ヲ昭示シ内ハ以テ子孫ノ率由スル所ト為シ
外ハ以テ臣民翼賛ノ道ヲ広メ永遠ニ遵行セシメ益々国家ノ丕基ヲ鞏固ニシ八洲民生
ノ慶福ヲ増進スヘシ茲ニ皇室典範及憲法ヲ制定ス惟フニ此レ皆
皇祖
皇宗ノ後裔ニ貽シタマヘル統治ノ洪範ヲ紹述スルニ外ナラス而シテ朕カ躬ニ逮テ時
ト倶ニ挙行スルコトヲ得ルハ洵ニ
皇祖
皇宗及我カ
皇考ノ威霊ニ倚藉スルニ由ラサルハ無シ皇朕レ仰テ
皇祖
皇宗及
皇考ノ神祐ヲ禱リ併セテ朕カ現在及将来ニ臣民ニ率先シ此ノ憲章ヲ履行シテ愆ラサ
ラムコトヲ誓フ庶幾クハ
神霊此レヲ鑒ミタマヘ

憲法発布勅語

朕国家ノ隆昌ト臣民ノ慶福トヲ以テ中心ノ欣栄トシ朕カ祖宗ニ承クルノ大権ニ依リ
現在及将来ノ臣民ニ対シ此ノ不磨ノ大典ヲ宣布ス
惟フニ我カ祖我カ宗ハ我カ臣民祖先ノ協力輔翼ニ倚リ我カ帝国ヲ肇造シ以テ無窮ニ
垂レタリ此レ我カ神聖ナル祖宗ノ威徳ト並ニ臣民ノ忠実勇武ニシテ国ヲ愛シ公ニ殉
ヒ以テ此ノ光輝アル国史ノ成跡ヲ貽シタルナリ朕我カ臣民ハ即チ祖宗ノ忠良ナル臣
民ノ子孫ナルヲ回想シ其ノ朕カ意ヲ奉体シ朕カ事ヲ奨順シ相与ニ和衷協同シ益々我
カ帝国ノ光栄ヲ中外ニ宣揚シ祖宗ノ遺業ヲ永久ニ鞏固ナラシムルノ希望ヲ同クシ此
ノ負担ヲ分ツニ堪フルコトヲ疑ハサルナリ

朕祖宗ノ遺烈ヲ承ケ万世一系ノ帝位ヲ践ミ朕カ親愛スル所ノ臣民ハ即チ朕カ祖宗ノ恵撫慈養シタマヒシ所ノ臣民ナルヲ念ヒ其ノ康福ヲ増進シ其ノ懿徳良能ヲ発達セシメムコトヲ願ヒ又其ノ翼賛ニ依リ与ニ倶ニ国家ノ進運ヲ扶持セムコトヲ望ミ乃チ明治十四年十月十二日ノ詔命ヲ履践シ茲ニ大憲ヲ制定シ朕カ率由スル所ヲ示シ朕カ後嗣及臣民及臣民ノ子孫タル者ヲシテ永遠ニ循行スル所ヲ知ラシム

国家統治ノ大権ハ朕カ之ヲ祖宗ニ承ケテ之ヲ子孫ニ伝フル所ナリ朕及朕カ子孫ハ将来此ノ憲法ノ条章ニ循ヒ之ヲ行フコトヲ愆ラサルヘシ

朕ハ我カ臣民ノ権利及財産ノ安全ヲ貴重シ及之ヲ保護シ此ノ憲法及法律ノ範囲内ニ於テ其ノ享有ヲ完全ナラシムヘキコトヲ宣言ス

帝国議会ハ明治二十三年ヲ以テ之ヲ召集シ議会開会ノ時ヲ以テ此ノ憲法ヲシテ有効ナラシムルノ期トスヘシ

将来若此ノ憲法ノ或ル条章ヲ改定スルノ必要ナル時宜ヲ見ルニ至ラハ朕及朕カ継統ノ子孫ハ発議ノ権ヲ執リ之ヲ議会ニ付シ議会ハ此ノ憲法ニ定メタル要件ニ依リ之ヲ議決スルノ外朕カ子孫及臣民ハ敢テ之カ紛更ヲ試ミルコトヲ得サルヘシ

朕カ在廷ノ大臣ハ朕カ為ニ此ノ憲法ヲ施行スルノ責ニ任スヘク朕カ現在及将来ノ臣民ハ此ノ憲法ニ対シ永遠ニ従順ノ義務ヲ負フヘシ

御名御璽
　明治二十二年二月十一日

内閣総理大臣　　伯爵　黒田清隆
枢密院議長　　　伯爵　伊藤博文
外務大臣　　　　伯爵　大隈重信
海軍大臣　　　　伯爵　西郷従道
農商務大臣　　　伯爵　井上　馨
司法大臣　　　　伯爵　山田顕義
大蔵大臣
兼内務大臣　　　伯爵　松方正義
陸軍大臣　　　　伯爵　大山　巖
文部大臣　　　　子爵　森　有礼
逓信大臣　　　　子爵　榎本武揚

大日本帝国憲法

　第1章　天皇

第1条　大日本帝国ハ万世一系ノ天皇之ヲ統治ス
第2条　皇位ハ皇室典範ノ定ムル所ニ依リ皇男子孫之ヲ継承ス
第3条　天皇ハ神聖ニシテ侵スヘカラス
第4条　天皇ハ国ノ元首ニシテ統治権ヲ総攬シ此ノ憲法ノ条規ニ依リ之ヲ行フ
第5条　天皇ハ帝国議会ノ協賛ヲ以テ立法権ヲ行フ
第6条　天皇ハ法律ヲ裁可シ其ノ公布及執行ヲ命ス

第7条　天皇ハ帝国議会ヲ召集シ其ノ開会閉会停会及衆議院ノ解散ヲ命ス
第8条　天皇ハ公共ノ安全ヲ保持シ又ハ其ノ災厄ヲ避クル為緊急ノ必要ニ由リ帝国議会閉会ノ場合ニ於テ法律ニ代ルヘキ勅令ヲ発ス
2　此ノ勅令ハ次ノ会期ニ於テ帝国議会ニ提出スヘシ若議会ニ於テ承諾セサルトキハ政府ハ将来ニ向テ其ノ効力ヲ失フコトヲ公布スヘシ
第9条　天皇ハ法律ヲ執行スル為ニ又ハ公共ノ安寧秩序ヲ保持シ及臣民ノ幸福ヲ増進スル為ニ必要ナル命令ヲ発シ又ハ発セシム但シ命令ヲ以テ法律ヲ変更スルコトヲ得ス
第10条　天皇ハ行政各部ノ官制及文武官ノ俸給ヲ定メ及文武官ヲ任免ス但シ此ノ憲法又ハ他ノ法律ニ特例ヲ掲ケタルモノハ各々其ノ条項ニ依ル
第11条　天皇ハ陸海軍ヲ統帥ス
第12条　天皇ハ陸海軍ノ編制及常備兵額ヲ定ム
第13条　天皇ハ戦ヲ宣シ和ヲ講シ及諸般ノ条約ヲ締結ス
第14条　天皇ハ戒厳ヲ宣告ス
2　戒厳ノ要件及効力ハ法律ヲ以テ之ヲ定ム
第15条　天皇ハ爵位勲章及其ノ他ノ栄典ヲ授与ス
第16条　天皇ハ大赦特赦減刑及復権ヲ命ス
第17条　摂政ヲ置クハ皇室典範ノ定ムル所ニ依ル
2　摂政ハ天皇ノ名ニ於テ大権ヲ行フ

　　第2章　臣民権利義務

第18条　日本臣民タル要件ハ法律ノ定ムル所ニ依ル
第19条　日本臣民ハ法律命令ノ定ムル所ノ資格ニ応シ均ク文武官ニ任セラレ及其ノ他ノ公務ニ就クコトヲ得
第20条　日本臣民ハ法律ノ定ムル所ニ従ヒ兵役ノ義務ヲ有ス
第21条　日本臣民ハ法律ノ定ムル所ニ従ヒ納税ノ義務ヲ有ス
第22条　日本臣民ハ法律ノ範囲内ニ於テ居住及移転ノ自由ヲ有ス
第23条　日本臣民ハ法律ニ依ルニ非スシテ逮捕監禁審問処罰ヲ受クルコトナシ
第24条　日本臣民ハ法律ニ定メタル裁判官ノ裁判ヲ受クルノ権ヲ奪ハル丶コトナシ
第25条　日本臣民ハ法律ニ定メタル場合ヲ除ク外其ノ許諾ナクシテ住所ニ侵入セラレ及捜索セラル丶コトナシ
第26条　日本臣民ハ法律ニ定メタル場合ヲ除ク外信書ノ秘密ヲ侵サル丶コトナシ
第27条　日本臣民ハ其ノ所有権ヲ侵サル丶コトナシ
2　公益ノ為必要ナル処分ハ法律ノ定ムル所ニ依ル
第28条　日本臣民ハ安寧秩序ヲ妨ケス及臣民タルノ義務ニ背カサル限ニ於テ信教ノ自由ヲ有ス
第29条　日本臣民ハ法律ノ範囲内ニ於テ言論著作印行集会及結社ノ自由ヲ有ス
第30条　日本臣民ハ相当ノ敬礼ヲ守リ別ニ定ムル所ノ規程ニ従ヒ請願ヲ為スコトヲ得
第31条　本章ニ掲ケタル条規ハ戦時又ハ国家事変ノ場合ニ於テ天皇大権ノ施行ヲ妨クルコトナシ

第32条　本章ニ掲ケタル条規ハ陸海軍ノ法令又ハ紀律ニ牴触セサルモノニ限リ軍人ニ準行ス

第3章　帝国議会

第33条　帝国議会ハ貴族院衆議院ノ両院ヲ以テ成立ス

第34条　貴族院ハ貴族院令ノ定ムル所ニ依リ皇族華族及勅任セラレタル議員ヲ以テ組織ス

第35条　衆議院ハ選挙法ノ定ムル所ニ依リ公選セラレタル議員ヲ以テ組織ス

第36条　何人モ同時ニ両議院ノ議員タルコトヲ得ス

第37条　凡テ法律ハ帝国議会ノ協賛ヲ経ルヲ要ス

第38条　両議院ハ政府ノ提出スル法律案ヲ議決シ及各々法律案ヲ提出スルコトヲ得

第39条　両議院ノ一ニ於テ否決シタル法律案ハ同会期中ニ於テ再ヒ提出スルコトヲ得ス

第40条　両議院ハ法律又ハ其ノ他ノ事件ニ付キ各々其ノ意見ヲ政府ニ建議スルコトヲ得但シ其ノ採納ヲ得サルモノハ同会期中ニ於テ再ヒ建議スルコトヲ得ス

第41条　帝国議会ハ毎年之ヲ召集ス

第42条　帝国議会ハ三箇月ヲ以テ会期トス必要アル場合ニ於テハ勅命ヲ以テ之ヲ延長スルコトアルヘシ

第43条　臨時緊急ノ必要アル場合ニ於テ常会ノ外臨時会ヲ召集スヘシ

2　臨時会ノ会期ヲ定ムルハ勅命ニ依ル

第44条　帝国議会ノ開会閉会会期ノ延長及停会ハ両院同時ニ之ヲ行フヘシ

2　衆議院解散ヲ命セラレタルトキハ貴族院ハ同時ニ停会セラルヘシ

第45条　衆議院解散ヲ命セラレタルトキハ勅令ヲ以テ新ニ議員ヲ選挙セシメ解散ノ日ヨリ五箇月以内ニ之ヲ召集スヘシ

第46条　両議院ハ各々其ノ総議員三分ノ一以上出席スルニ非サレハ議事ヲ開キ議決ヲ為ス事ヲ得ス

第47条　両議院ノ議事ハ過半数ヲ以テ決ス可否同数ナルトキハ議長ノ決スル所ニ依ル

第48条　両議院ノ会議ハ公開ス但シ政府ノ要求又ハ其ノ院ノ決議ニ依リ秘密会ト為スコトヲ得

第49条　両議院ハ各々天皇ニ上奏スルコトヲ得

第50条　両議院ハ臣民ヨリ呈出スル請願書ヲ受クルコトヲ得

第51条　両議院ハ此ノ憲法及議院法ニ掲クルモノ、外内部ノ整理ニ必要ナル諸規則ヲ定ムルコトヲ得

第52条　両議院ノ議員ハ議院ニ於テ発言シタル意見及表決ニ付院外ニ於テ責ヲ負フコトナシ但シ議員自ラ其ノ言論ヲ演説刊行筆記又ハ其ノ他ノ方法ヲ以テ公布シタルトキハ一般ノ法律ニ依リ処分セラルヘシ

第53条　両議院ノ議員ハ現行犯罪又ハ内乱外患ニ関ル罪ヲ除ク外会期中其ノ院ノ許諾ナクシテ逮捕セラル、コトナシ

第54条　国務大臣及政府委員ハ何時タリトモ各議院ニ出席シ及発言スルコトヲ得

124

第4章　国務大臣及枢密顧問

第55条　国務各大臣ハ天皇ヲ輔弼シ其ノ責ニ任ス
2　凡テ法律勅令其ノ他国務ニ関ル詔勅ハ国務大臣ノ副署ヲ要ス
第56条　枢密顧問ハ枢密院官制ノ定ムル所ニ依リ天皇ノ諮詢ニ応ヘ重要ノ国務ヲ審
　議ス

第5章　司法

第57条　司法権ハ天皇ノ名ニ於テ法律ニ依リ裁判所之ヲ行フ
2　裁判所ノ構成ハ法律ヲ以テ之ヲ定ム
第58条　裁判官ハ法律ニ定メタル資格ヲ具フル者ヲ以テ之ニ任ス
2　裁判官ハ刑法ノ宣告又ハ懲戒ノ処分ニ由ルノ外其ノ職ヲ免セラル、コトナシ
3　懲戒ノ条規ハ法律ヲ以テ之ヲ定ム
第59条　裁判ノ対審判決ハ之ヲ公開ス但シ安寧秩序又ハ風俗ヲ害スルノ虞アルトキ
　ハ法律ニ依リ又ハ裁判所ノ決議ヲ以テ対審ノ公開ヲ停ムルコトヲ得
第60条　特別裁判所ノ管轄ニ属スヘキモノハ別ニ法律ヲ以テ之ヲ定ム
第61条　行政官庁ノ違法処分ニ由リ権利ヲ傷害セラレタリトスルノ訴訟ニシテ別ニ
　法律ヲ以テ定メタル行政裁判所ノ裁判ニ属スヘキモノハ司法裁判所ニ於テ受理ス
　ルノ限ニ在ラス

第6章　会計

第62条　新ニ租税ヲ課シ及税率ヲ変更スルハ法律ヲ以テ之ヲ定ムヘシ
2　但シ報償ニ属スル行政上ノ手数料及其ノ他ノ収納金ハ前項ノ限ニ在ラス
3　国債ヲ起シ及予算ニ定メタルモノヲ除ク外国庫ノ負担トナルヘキ契約ヲ為スハ
　帝国議会ノ協賛ヲ経ヘシ
第63条　現行ノ租税ハ更ニ法律ヲ以テ之ヲ改メサル限ハ旧ニ依リ之ヲ徴収ス
第64条　国家ノ歳出歳入ハ毎年予算ヲ以テ帝国議会ノ協賛ヲ経ヘシ
2　予算ノ款項ニ超過シ又ハ予算ノ外ニ生シタル支出アルトキハ後日帝国議会ノ承
　諾ヲ求ムルヲ要ス
第65条　予算ハ前ニ衆議院ニ提出スヘシ
第66条　皇室経費ハ現在ノ定額ニ依リ毎年国庫ヨリ之ヲ支出シ将来増額ヲ要スル場
　合ヲ除ク外帝国議会ノ協賛ヲ要セス
第67条　憲法上ノ大権ニ基ツケル既定ノ歳出及法律ノ結果ニ由リ又ハ法律上政府ノ
　義務ニ属スル歳出ハ政府ノ同意ナクシテ帝国議会之ヲ廃除シ又ハ削減スルコトヲ
　得ス
第68条　特別ノ須要ニ因リ政府ハ予メ年限ヲ定メ継続費トシテ帝国議会ノ協賛ヲ求
　ムルコトヲ得
第69条　避クヘカラサル予算ノ不足ヲ補フ為ニ又ハ予算ノ外ニ生シタル必要ノ費用
　ニ充ツル為ニ予備費ヲ設クヘシ
第70条　公共ノ安全ヲ保持スル為緊急ノ需用アル場合ニ於テ内外ノ情形ニ因リ政府

ハ帝国議会ヲ召集スルコト能ハサルトキハ勅令ニ依リ財政上必要ノ処分ヲ為スコ
トヲ得
2　前項ノ場合ニ於テハ次ノ会期ニ於テ帝国議会ニ提出シ其ノ承諾ヲ求ムルヲ要ス
第71条　帝国議会ニ於イテ予算ヲ議定セス又ハ予算成立ニ至ラサルトキハ政府ハ前
年度ノ予算ヲ施行スヘシ
第72条　国家ノ歳出歳入ノ決算ハ会計検査院之ヲ検査確定シ政府ハ其ノ検査報告ト
倶ニ之ヲ帝国議会ニ提出スヘシ
2　会計検査院ノ組織及職権ハ法律ヲ以テ之ヲ定ム

　　第7章　補則

第73条　将来此ノ憲法ノ条項ヲ改正スルノ必要アルトキハ勅命ヲ以テ議案ヲ帝国議
会ノ議ニ付スヘシ
2　此ノ場合ニ於テ両議院ハ各々其ノ総員三分ノ二以上出席スルニ非サレハ議事ヲ
開クコトヲ得ス出席議員三分ノ二以上ノ多数ヲ得ルニ非サレハ改正ノ議決ヲ為ス
コトヲ得ス
第74条　皇室典範ノ改正ハ帝国議会ノ議ヲ経ルヲ要セス
2　皇室典範ヲ以テ此ノ憲法ノ条規ヲ変更スルコトヲ得ス
第75条　憲法及皇室典範ハ摂政ヲ置クノ間之ヲ変更スルコトヲ得ス
第76条　法律規則命令又ハ何等ノ名称ヲ用ヰタルニ拘ラス此ノ憲法ニ矛盾セサル現
行ノ法令ハ総テ遵由ノ効力ヲ有ス
2　歳出上政府ノ義務ニ係ル現在ノ契約又ハ命令ハ総テ第六十七条ノ例ニ依ル

The Constitution of Japan

Constitution November 3, 1946

We, the Japanese people, acting through our duly elected representatives in the National Diet, determined that we shall secure for ourselves and our posterity the fruits of peaceful cooperation with all nations and the blessings of liberty throughout this land, and resolved that never again shall we be visited with the horrors of war through the action of government, do proclaim that sovereign power resides with the people and do firmly establish this Constitution. Government is a sacred trust of the people, the authority for which is derived from the people, the powers of which are exercised by the representatives of the people, and the benefits of which are enjoyed by the people. This is a universal principle of mankind upon which this Constitution is founded. We reject and revoke all constitutions, laws, ordinances, and rescripts in conflict herewith.

We, the Japanese people, desire peace for all time and are deeply conscious of the high ideals controlling human relationship, and we have determined to preserve our security and existence, trusting in the justice and faith of the peace-loving peoples of the world. We desire to occupy an honored place in an international society striving for the preservation of peace, and the banishment of tyranny and slavery, oppression and intolerance for all time from the earth. We recognize that all peoples of the world have the right to live in peace, free from fear and want.

We believe that no nation is responsible to itself alone, but that laws of political morality are universal; and that obedience to such laws is incumbent upon all nations who would sustain their own sovereignty and justify their sovereign relationship with other nations.

We, the Japanese people, pledge our national honor to accomplish these high ideals and purposes with all our resources.

CHAPTER I. THE EMPEROR

Article 1. The Emperor shall be the symbol of the State and of the unity of the people, deriving his position from the will of the people with whom resides sovereign power.

Article 2. The Imperial Throne shall be dynastic and succeeded to in accordance with the Imperial House Law passed by the Diet.

Article 3. The advice and approval of the Cabinet shall be required for all acts of the Emperor in matters of state, and the Cabinet shall be responsible therefor.

Article 4. The Emperor shall perform only such acts in matters of state as are provided for in this Constitution and he shall not have powers related to government.

The Emperor may delegate the performance of his acts in matters of state as may be provided by law.

Article 5. When, in accordance with the Imperial House Law, a Regency is established, the Regent shall perform his acts in matters of state in the Emperor's name. In this case, paragraph one of the preceding article will be applicable.

Article 6. The Emperor shall appoint the Prime Minister as designated by the Diet.

The Emperor shall appoint the Chief Judge of the Supreme Court as designated by the Cabinet.

Article 7. The Emperor, with the advice and approval of the Cabinet, shall perform the following acts in matters of state on behalf of the people:

Promulgation of amendments of the constitution, laws, cabinet orders and treaties.

Convocation of the Diet.

Dissolution of the House of Representatives.

Proclamation of general election of members of the Diet.

Attestation of the appointment and dismissal of Ministers of State and other officials as provided for by law, and of full powers and credentials of Ambassadors and Ministers.

Attestation of general and special amnesty, commutation of punishment, reprieve, and restoration of rights.

Awarding of honors.

Attestation of instruments of ratification and other diplomatic documents as provided for by law.

Receiving foreign ambassadors and ministers.

Performance of ceremonial functions.

Article 8. No property can be given to, or received by, the Imperial House, nor can any gifts be made therefrom, without the authorization of the Diet.

CHAPTER II. RENUNCIATION OF WAR

Article 9. Aspiring sincerely to an international peace based on justice and order, the Japanese people forever renounce war as a sovereign right of the nation and the threat or use of force as means of settling international disputes.

In order to accomplish the aim of the preceding paragraph, land, sea, and air forces, as well as other war potential, will never be maintained. The right of belligerency of the state will not be recognized.

CHAPTER III. RIGHTS AND DUTIES OF THE PEOPLE

Article 10. The conditions necessary for being a Japanese national shall be determined by law.

Article 11. The people shall not be prevented from enjoying any of the fundamental human rights. These fundamental human rights guaranteed to the people by this Constitution shall be conferred upon the people of this and future generations as eternal and inviolate rights.

Article 12. The freedoms and rights guaranteed to the people by this Constitution shall be maintained by the constant endeavor of the people, who shall refrain from any abuse of these freedoms and rights and shall always be responsible for utilizing them for the public welfare.

Article 13. All of the people shall be respected as individuals. Their right to life, liberty, and the pursuit of happiness shall, to the extent that it does not interfere with the public welfare, be the supreme consideration in legislation and in other governmental affairs.

Article 14. All of the people are equal under the law and there shall be no discrimination in political, economic or social relations because of race, creed, sex, social status or family origin.

Peers and peerage shall not be recognized.

No privilege shall accompany any award of honor, decoration or any distinction, nor shall any such award be valid beyond the lifetime of the individual who now holds or hereafter may receive it.

Article 15. The people have the inalienable right to choose their public officials and to dismiss them.

All public officials are servants of the whole community and not of any group thereof.

Universal adult suffrage is guaranteed with regard to the election of public officials.

In all elections, secrecy of the ballot shall not be violated. A voter shall not be answerable, publicly or privately, for the choice he has made.

Article 16. Every person shall have the right of peaceful petition for the redress of damage, for the removal of public officials, for the enactment, repeal or amendment of laws, ordinances or regulations and for other matters; nor shall any person be in any way discriminated against for sponsoring such a petition.

Article 17. Every person may sue for redress as provided by law from the State or a public entity, in case he has suffered damage through illegal act of any public official.

Article 18. No person shall be held in bondage of any kind. Involuntary servitude, except as punishment for crime, is prohibited.

Article 19. Freedom of thought and conscience shall not be violated.

Article 20. Freedom of religion is guaranteed to all. No religious organization shall receive any privileges from the State, nor exercise any political authority.

The Constitution of Japan　129

No person shall be compelled to take part in any religious act, celebration, rite or practice.

The State and its organs shall refrain from religious education or any other religious activity.

Article 21.   Freedom of assembly and association as well as speech, press and all other forms of expression are guaranteed.

No censorship shall be maintained, nor shall the secrecy of any means of communication be violated.

Article 22.   Every person shall have freedom to choose and change his residence and to choose his occupation to the extent that it does not interfere with the public welfare.

Freedom of all persons to move to a foreign country and to divest themselves of their nationality shall be inviolate.

Article 23.   Academic freedom is guaranteed.

Article 24.   Marriage shall be based only on the mutual consent of both sexes and it shall be maintained through mutual cooperation with the equal rights of husband and wife as a basis.

With regard to choice of spouse, property rights, inheritance, choice of domicile, divorce and other matters pertaining to marriage and the family, laws shall be enacted from the standpoint of individual dignity and the essential equality of the sexes.

Article 25.   All people shall have the right to maintain the minimum standards of wholesome and cultured living.

In all spheres of life, the State shall use its endeavors for the promotion and extension of social welfare and security, and of public health.

Article 26.   All people shall have the right to receive an equal education correspondent to their ability, as provided by law.

All people shall be obligated to have all boys and girls under their protection receive ordinary education as provided for by law. Such compulsory education shall be free.

Article 27.   All people shall have the right and the obligation to work.

Standards for wages, hours, rest and other working conditions shall be fixed by law.

Children shall not be exploited.

Article 28.   The right of workers to organize and to bargain and act collectively is guaranteed.

Article 29.   The right to own or to hold property is inviolable.

Property rights shall be defined by law, in conformity with the public welfare.

Private property may be taken for public use upon just compensation therefor.

Article 30.   The people shall be liable to taxation as provided by law.

Article 31.   No person shall be deprived of life or liberty, nor shall any other criminal penalty be imposed, except according to procedure established by law.

Article 32.   No person shall be denied the right of access to the courts.

Article 33.   No person shall be apprehended except upon warrant issued by a competent judicial officer which specifies the offense with which the person is charged, unless he is apprehended, the offense being committed.

Article 34. No person shall be arrested or detained without being at once informed of the charges against him or without the immediate privilege of counsel; nor shall he be detained without adequate cause; and upon demand of any person such cause must be immediately shown in open court in his presence and the presence of his counsel.

Article 35. The right of all persons to be secure in their homes, papers and effects against entries, searches and seizures shall not be impaired except upon warrant issued for adequate cause and particularly describing the place to be searched and things to be seized, or except as provided by Article 33.

Each search or seizure shall be made upon separate warrant issued by a competent judicial officer.

Article 36. The infliction of torture by any public officer and cruel punishments are absolutely forbidden.

Article 37. In all criminal cases the accused shall enjoy the right to a speedy and public trial by an impartial tribunal.

He shall be permitted full opportunity to examine all witnesses, and he shall have the right of compulsory process for obtaining witnesses on his behalf at public expense.

At all times the accused shall have the assistance of competent counsel who shall, if the accused is unable to secure the same by his own efforts, be assigned to his use by the State.

Article 38. No person shall be compelled to testify against himself.

Confession made under compulsion, torture or threat, or after prolonged arrest or detention shall not be admitted in evidence.

No person shall be convicted or punished in cases where the only proof against him is his own confession.

Article 39. No person shall be held criminally liable for an act which was lawful at the time it was committed, or of which he has been acquitted, nor shall he be placed in double jeopardy.

Article 40. Any person, in case he is acquitted after he has been arrested or detained, may sue the State for redress as provided by law.

CHAPTER IV. THE DIET

Article 41. The Diet shall be the highest organ of state power, and shall be the sole law-making organ of the State.

Article 42. The Diet shall consist of two Houses, namely the House of Representatives and the House of Councillors.

Article 43. Both Houses shall consist of elected members, representative of all the people.

The number of the members of each House shall be fixed by law.

Article 44. The qualifications of members of both Houses and their electors shall

The Constitution of Japan　131

be fixed by law. However, there shall be no discrimination because of race, creed, sex, social status, family origin, education, property or income.

Article 45.   The term of office of members of the House of Representatives shall be four years. However, the term shall be terminated before the full term is up in case the House of Representatives is dissolved.

Article 46.   The term of office of members of the House of Councillors shall be six years, and election for half the members shall take place every three years.

Article 47.   Electoral districts, method of voting and other matters pertaining to the method of election of members of both Houses shall be fixed by law.

Article 48.   No person shall be permitted to be a member of both Houses simultaneously.

Article 49.   Members of both Houses shall receive appropriate annual payment from the national treasury in accordance with law.

Article 50.   Except in cases provided by law, members of both Houses shall be exempt from apprehension while the Diet is in session, and any members apprehended before the opening of the session shall be freed during the term of the session upon demand of the House.

Article 51.   Members of both Houses shall not be held liable outside the House for speeches, debates or votes cast inside the House.

Article 52.   An ordinary session of the Diet shall be convoked once per year.

Article 53.   The Cabinet may determine to convoke extraordinary sessions of the Diet. When a quarter or more of the total members of either House makes the demand, the Cabinet must determine on such convocation.

Article 54.   When the House of Representatives is dissolved, there must be a general election of members of the House of Representatives within forty (40) days from the date of dissolution, and the Diet must be convoked within thirty (30) days from the date of the election.

When the House of Representatives is dissolved, the House of Councillors is closed at the same time. However, the Cabinet may in time of national emergency convoke the House of Councillors in emergency session.

Measures taken at such session as mentioned in the proviso of the preceding paragraph shall be provisional and shall become null and void unless agreed to by the House of Representatives within a period of ten (10) days after the opening of the next session of the Diet.

Article 55.   Each House shall judge disputes related to qualifications of its members. However, in order to deny a seat to any member, it is necessary to pass a resolution by a majority of two-thirds or more of the members present.

Article 56.   Business cannot be transacted in either House unless one-third or more of total membership is present.

All matters shall be decided, in each House, by a majority of those present, except as elsewhere provided in the Constitution, and in case of a tie, the presiding officer shall decide the issue.

Article 57.   Deliberation in each House shall be public. However, a secret meeting may be held where a majority of two-thirds or more of those members present passes a resolution therefor.

Each House shall keep a record of proceedings. This record shall be published and given general circulation, excepting such parts of proceedings of secret session as may be deemed to require secrecy.

Upon demand of one-fifth or more of the members present, votes of the members on any matter shall be recorded in the minutes.

Article 58. Each House shall select its own president and other officials.

Each House shall establish its rules pertaining to meetings, proceedings and internal discipline, and may punish members for disorderly conduct. However, in order to expel a member, a majority of two-thirds or more of those members present must pass a resolution thereon.

Article 59. A bill becomes a law on passage by both Houses, except as otherwise provided by the Constitution.

A bill which is passed by the House of Representatives, and upon which the House of Councillors makes a decision different from that of the House of Representatives, becomes a law when passed a second time by the House of Representatives by a majority of two-thirds or more of the members present.

The provision of the preceding paragraph does not preclude the House of Representatives from calling for the meeting of a joint committee of both Houses, provided for by law.

Failure by the House of Councillors to take final action within sixty (60) days after receipt of a bill passed by the House of Representatives, time in recess excepted, may be determined by the House of Representatives to constitute a rejection of the said bill by the House of Councillors.

Article 60. The budget must first be submitted to the House of Representatives.

Upon consideration of the budget, when the House of Councillors makes a decision different from that of the House of Representatives, and when no agreement can be reached even through a joint committee of both Houses, provided for by law, or in the case of failure by the House of Councillors to take final action within thirty (30) days, the period of recess excluded, after the receipt of the budget passed by the House of Representatives, the decision of the House of Representatives shall be the decision of the Diet.

Article 61. The second paragraph of the preceding article applies also to the Diet approval required for the conclusion of treaties.

Article 62. Each House may conduct investigations in relation to government, and may demand the presence and testimony of witnesses, and the production of records.

Article 63. The Prime Minister and other Ministers of State may, at any time, appear in either House for the purpose of speaking on bills, regardless of whether they are members of the House or not. They must appear when their presence is required in order to give answers or explanations.

Article 64. The Diet shall set up an impeachment court from among the members of both Houses for the purpose of trying those judges against whom removal proceedings have been instituted.

Matters relating to impeachment shall be provided by law.

The Constitution of Japan 133

CHAPTER V. THE CABINET

Article 65. Executive power shall be vested in the Cabinet.

Article 66. The Cabinet shall consist of the Prime Minister, who shall be its head, and other Ministers of State, as provided for by law.

The Prime Minister and other Ministers of State must be civilians.

The Cabinet, in the exercise of executive power, shall be collectively responsible to the Diet.

Article 67. The Prime Minister shall be designated from among the members of the Diet by a resolution of the Diet. This designation shall precede all other business.

If the House of Representatives and the House of Councillors disagree and if no agreement can be reached even through a joint committee of both Houses, provided for by law, or the House of Councillors fails to make designation within ten (10) days, exclusive of the period of recess, after the House of Representatives has made designation, the decision of the House of Representatives shall be the decision of the Diet.

Article 68. The Prime Minister shall appoint the Ministers of State. However, a majority of their number must be chosen from among the members of the Diet.

The Prime Minister may remove the Ministers of State as he chooses.

Article 69. If the House of Representatives passes a non-confidence resolution, or rejects a confidence resolution, the Cabinet shall resign en masse, unless the House of Representatives is dissolved within ten (10) days.

Article 70. When there is a vacancy in the post of Prime Minister, or upon the first convocation of the Diet after a general election of members of the House of Representatives, the Cabinet shall resign en masse.

Article 71. In the cases mentioned in the two preceding articles, the Cabinet shall continue its functions until the time when a new Prime Minister is appointed.

Article 72. The Prime Minister, representing the Cabinet, submits bills, reports on general national affairs and foreign relations to the Diet and exercises control and supervision over various administrative branches.

Article 73. The Cabinet, in addition to other general administrative functions, shall perform the following functions:

Administer the law faithfully; conduct affairs of state.

Manage foreign affairs.

Conclude treaties. However, it shall obtain prior or, depending on circumstances, subsequent approval of the Diet.

Administer the civil service, in accordance with standards established by law.

Prepare the budget, and present it to the Diet.

Enact cabinet orders in order to execute the provisions of this Constitution and of the law. However, it cannot include penal provisions in such cabinet orders unless authorized by such law.

Decide on general amnesty, special amnesty, commutation of punishment, reprieve, and restoration of rights.

Article 74. All laws and cabinet orders shall be signed by the competent Minister of State and countersigned by the Prime Minister.

Article 75. The Ministers of State, during their tenure of office, shall not be subject to legal action without the consent of the Prime Minister. However, the right to take that action is not impaired hereby.

CHAPTER VI. JUDICIARY

Article 76. The whole judicial power is vested in a Supreme Court and in such inferior courts as are established by law.

No extraordinary tribunal shall be established, nor shall any organ or agency of the Executive be given final judicial power.

All judges shall be independent in the exercise of their conscience and shall be bound only by this Constitution and the laws.

Article 77. The Supreme Court is vested with the rule-making power under which it determines the rules of procedure and of practice, and of matters relating to attorneys, the internal discipline of the courts and the administration of judicial affairs.

Public procurators shall be subject to the rule-making power of the Supreme Court.

The Supreme Court may delegate the power to make rules for inferior courts to such courts.

Article 78. Judges shall not be removed except by public impeachment unless judicially declared mentally or physically incompetent to perform official duties. No disciplinary action against judges shall be administered by any executive organ or agency.

Article 79. The Supreme Court shall consist of a Chief Judge and such number of judges as may be determined by law; all such judges excepting the Chief Judge shall be appointed by the Cabinet.

The appointment of the judges of the Supreme Court shall be reviewed by the people at the first general election of members of the House of Representatives following their appointment, and shall be reviewed again at the first general election of members of the House of Representatives after a lapse of ten (10) years, and in the same manner thereafter.

In cases mentioned in the foregoing paragraph, when the majority of the voters favors the dismissal of a judge, he shall be dismissed.

Matters pertaining to review shall be prescribed by law.

The judges of the Supreme Court shall be retired upon the attainment of the age as fixed by law.

All such judges shall receive, at regular stated intervals, adequate compensation which shall not be decreased during their terms of office.

Article 80. The judges of the inferior courts shall be appointed by the Cabinet

The Constitution of Japan 135

from a list of persons nominated by the Supreme Court. All such judges shall hold office for a term of ten (10) years with privilege of reappointment, provided that they shall be retired upon the attainment of the age as fixed by law.

The judges of the inferior courts shall receive, at regular stated intervals, adequate compensation which shall not be decreased during their terms of office.

Article 81. The Supreme Court is the court of last resort with power to determine the constitutionality of any law, order, regulation or official act.

Article 82. Trials shall be conducted and judgment declared publicly.

Where a court unanimously determines publicity to be dangerous to public order or morals, a trial may be conducted privately, but trials of political offenses, offenses involving the press or cases wherein the rights of people as guaranteed in Chapter III of this Constitution are in question shall always be conducted publicly.

CHAPTER VII. FINANCE

Article 83. The power to administer national finances shall be exercised as the Diet shall determine.

Article 84. No new taxes shall be imposed or existing ones modified except by law or under such conditions as law may prescribe.

Article 85. No money shall be expended, nor shall the State obligate itself, except as authorized by the Diet.

Article 86. The Cabinet shall prepare and submit to the Diet for its consideration and decision a budget for each fiscal year.

Article 87. In order to provide for unforeseen deficiencies in the budget, a reserve fund may be authorized by the Diet to be expended upon the responsibility of the Cabinet.

The Cabinet must get subsequent approval of the Diet for all payments from the reserve fund.

Article 88. All property of the Imperial Household shall belong to the State. All expenses of the Imperial Household shall be appropriated by the Diet in the budget.

Article 89. No public money or other property shall be expended or appropriated for the use, benefit or maintenance of any religious institution or association, or for any charitable, educational or benevolent enterprises not under the control of public authority.

Article 90. Final accounts of the expenditures and revenues of the State shall be audited annually by a Board of Audit and submitted by the Cabinet to the Diet, together with the statement of audit, during the fiscal year immediately following the period covered.

The organization and competency of the Board of Audit shall be determined by law.

Article 91. At regular intervals and at least annually the Cabinet shall report to the Diet and the people on the state of national finances.

CHAPTER VIII. LOCAL SELF-GOVERNMENT

Article 92. Regulations concerning organization and operations of local public entities shall be fixed by law in accordance with the principle of local autonomy.

Article 93. The local public entities shall establish assemblies as their deliberative organs, in accordance with law.

The chief executive officers of all local public entities, the members of their assemblies, and such other local officials as may be determined by law shall be elected by direct popular vote within their several communities.

Article 94. Local public entities shall have the right to manage their property, affairs and administration and to enact their own regulations within law.

Article 95. A special law, applicable only to one local public entity, cannot be enacted by the Diet without the consent of the majority of the voters of the local public entity concerned, obtained in accordance with law.

CHAPTER IX. AMENDMENTS

Article 96. Amendments to this Constitution shall be initiated by the Diet, through a concurring vote of two-thirds or more of all the members of each House and shall thereupon be submitted to the people for ratification, which shall require the affirmative vote of a majority of all votes cast thereon, at a special referendum or at such election as the Diet shall specify.

Amendments when so ratified shall immediately be promulgated by the Emperor in the name of the people, as an integral part of this Constitution.

CHAPTER X. SUPREME LAW

Article 97. The fundamental human rights by this Constitution guaranteed to the people of Japan are fruits of the age-old struggle of man to be free; they have survived the many exacting tests for durability and are conferred upon this and future generations in trust, to be held for all time inviolate.

Article 98. This Constitution shall be the supreme law of the nation and no law, ordinance, imperial rescript or other act of government, or part thereof, contrary to the provisions hereof, shall have legal force or validity.

The treaties concluded by Japan and established laws of nations shall be faithfully observed.

Article 99. The Emperor or the Regent as well as Ministers of State, members of the Diet, judges, and all other public officials have the obligation to respect and uphold this Constitution.

The Constitution of Japan   137

CHAPTER XI. SUPPLEMENTARY PROVISIONS

Article 100. This Constitution shall be enforced as from the day when the period of six months will have elapsed counting from the day of its promulgation.

The enactment of laws necessary for the enforcement of this Constitution, the election of members of the House of Councillors and the procedure for the convocation of the Diet and other preparatory procedures necessary for the enforcement of this Constitution may be executed before the day prescribed in the preceding paragraph.

Article 101. If the House of Councillors is not constituted before the effective date of this Constitution, the House of Representatives shall function as the Diet until such time as the House of Councillors shall be constituted.

Article 102. The term of office for half the members of the House of Councillors serving in the first term under this Constitution shall be three years. Members falling under this category shall be determined in accordance with law.

Article 103. The Ministers of State, members of the House of Representatives, and judges in office on the effective date of this Constitution, and all other public officials, who occupy positions corresponding to such positions as are recognized by this Constitution shall not forfeit their positions automatically on account of the enforcement of this Constitution unless otherwise specified by law. When, however, successors are elected or appointed under the provisions of this Constitution they shall forfeit their positions as a matter of course.

《著者紹介》

伊藤友則（いとう・とものり）

1972 年 11 月生まれ

千葉県香取市（旧佐原市）出身

千葉県立佐原高等学校卒業後，

ブリヤンモン・インターナショナル・スクール（スイス　ローザンヌ）

ウィスコンシン州立大学スティーブンスポイント校（アメリカ）留学を経て

慶應義塾大学　法学部卒（卒業論文：代議制と選挙制度）

明治大学大学院　政治経済学研究科　政治学専攻　修士課程修了（修士論文：
　市町村合併）

現在

千葉大学大学院　人文公共学府　博士後期課程　在学中

SBC 東京医療大学　非常勤講師

e-mail tomoito1972@yahoo.co.jp

（検印省略）

2019 年 5 月 30 日　初版発行	
2024 年 9 月 30 日　第二版発行	略称 ―解説憲法

解説日本国憲法 ［第二版］

	著　者	伊 藤 友 則
	発行者	塚 田 尚 寛

発行所	東京都文京区 春日 2 － 13 － 1	株式会社　創 成 社

電　話　03（3868）3867　　ＦＡＸ　03（5802）6802
出版部　03（3868）3857　　ＦＡＸ　03（5802）6801
http://www.books-sosei.com 振　替　00150-9-191261

定価はカバーに表示してあります。

©2019, 2024 Tomonori Ito
ISBN978-4-7944-4090-7 C3032
Printed in Japan

組版：スリーエス　印刷：エーヴィスシステムズ
製本：エーヴィスシステムズ
落丁・乱丁本はお取り替えいたします。

── 創成社の本 ──

解 説 日 本 国 憲 法	伊 藤 友 則	著	1,800円
はじめての原発ガイドブック ―賛成・反対を考えるための9つの論点―	楠 美 順 理	著	1,500円
キ ャ リ ア デ ザ イ ン 論 ―大学生のキャリア開発について―	安 武 伸 朗 坪 井 晋 也	編著	1,800円
ケースで学ぶ国連平和維持活動 ― PKO の困難と挑戦の歴史―	石 塚 勝 美	著	2,100円
国 連 PKO と 国 際 政 治 ― 理 論 と 実 践 ―	石 塚 勝 美	著	2,300円
アメリカに渡った「ホロコースト」 ―ワシントンDCのホロコースト博物館から考える―	藤 巻 光 浩	著	2,900円
グローバリゼーション・スタディーズ ― 国 際 学 の 視 座 ―	奥 田 孝 晴	編著	2,800円
国 際 学 と 現 代 世 界 ―グローバル化の解析とその選択―	奥 田 孝 晴	著	2,800円
市民のためのジェンダー入門	椎 野 信 雄	著	2,300円
リメディアル世界史入門	宇 都 宮 浩 司	編著	2,100円
小 さ な 変 革 ―インドシルクという鎖につながれる子どもたち―	ヒューマン・ライツ・ウォッチ 金谷美和・久木田由紀子 (特活) 国際子ども権利センター	著 監訳 訳	1,800円
新・大学生が出会う法律問題 ―アルバイトから犯罪・事故まで役立つ基礎知識―	信州大学経法学部	編	1,600円
大学生が出会う経済・経営問題 ―お金の話から就職活動まで役立つ基礎知識―	信州大学経済学部 経 済 学 科	編	1,600円
よ く わ か る 保 育 所 実 習	百 瀬 ユ カ リ	著	1,500円
よ く わ か る 幼 稚 園 実 習	百 瀬 ユ カ リ	訳	1,800円
実 習 に 役 立 つ 保 育 技 術	百 瀬 ユ カ リ	著	1,600円

(本体価格)

── 創 成 社 ──